सांस्कृतिक पत्रकारिता : साक्षात्कार पर आधारित

सन्नाटे में चमकती आवाज़ें

सांस्कृतिक पत्रकारिता : साक्षात्कार पर आधारित

सन्नाटे में चमकती आवाज़ें

अजित राय

वाणी प्रकाशन

वाणी प्रकाशन

4695, 21-ए, दरियागंज, नयी दिल्ली 110 002

शाखा

अशोक राजपथ, पटना 800 004

फ़ोन : +91 11 23273167 फ़ैक्स : +91 11 23275710

www.vaniprakashan.in
vaniprakashan@gmail.com
sales@vaniprakashan.in

SANSKRITIK PATRAKARITA : SAKSHATKAR PAR AADHARIT
SANNATE MEIN CHAMAKTI AAWAZEN
by Ajit Rai

ISBN : 978-93-5072-456-9
Cultural Journalism : Based on Interviews

प्रथम संस्करण

मूल्य : ₹ 450

सिटी प्रेस, दिल्ली-110 095 में मुद्रित

वाणी प्रकाशन का लोगो मक़बूल फ़िदा हुसेन की कूची से

समर्पण

मित्र और सखा
अरुण माहेश्वरी के लिए
जिनकी यारबाशी पर गर्व कर सकते हैं

और साथ-साथ
संजय सहाय, त्रिपुरारि शरण, सुभाष मिश्र, अनुज गर्ग और
मुकेश भारद्वाज के लिए
जिनकी मित्रता अँधेरे में कंदील की तरह रास्ता दिखाती है

और उन तमाम युवा पत्रकारों को जो आने वाले समय में सांस्कृतिक
पत्रकारिता के आदर्श बनेंगे

संग-साथ का साक्षात्कार

यह मार्च 2006 की बात है। वाणी प्रकाशन के मालिक और मेरे अनन्य मित्र अरुण माहेश्वरी ने दरियागंज में नया घर खरीदा था। उन्होंने होली के कुछ दिन पहले अपने नये घर में कुछ चुनिन्दा लेखकों-पत्रकारों को रात्रिभोज पर आमन्त्रित किया। यह एक तरह से 'पूर्व होली मिलन समारोह' था। उस शाम मनोहर श्याम जोशी हम सबके आकर्षण का केन्द्र थे। 'राष्ट्रीय सहारा' के सम्पादक गोविन्द दीक्षित उनका एक लम्बा इण्टरव्यू करना चाहते थे। दिलीप चौबे ने मुझसे कहा कि किसी तरह जोशी जी को राजी किया जाये। उस शाम जब मैंने मनुहार की तो जोशी जी राजी हो गये। वे मेरे पड़ोस में रहते थे। उन्होंने दूसरे दिन ही घर बुला लिया। चार घण्टे हमारी बातचीत चली पर मन नहीं भरा। उन्होंने कहा कि होली के बाद हम फिर बैठेंगे और इण्टरव्यू का बाकी काम तब करेंगे। 15 मार्च को होली थी। फिर जैसा कि होता है—हमारा मिलना टलता रहा। और 30 मार्च को अचानक ख़बर आयी कि जोशी जी नहीं रहे। निगमबोध घाट पर शाम 4 बजे उनके अन्तिम संस्कार में हम सब हतप्रभ खड़े थे। किसी को कुछ भी सूझ नहीं रहा था। तभी दिलीप चौबे का फ़ोन आया। उन्होंने कहा कि अभी जोशी जी वाला इण्टरव्यू चाहिए। मैंने कहा कि हम श्मशान में हैं और अभी लिखने की मनोदशा नहीं है।

दिलीप जी ने समझाते हुए कहा कि जोशी जी का अन्तिम इण्टरव्यू ही उनके प्रति सच्ची श्रद्धांजलि होगी। आप एक पत्रकार हैं। आपका फ़र्ज़ है कि वह इण्टरव्यू आज ही लिखकर तत्काल फ़ैक्स करें। मैं उदास मन से राष्ट्रीय नाट्य विद्यालय लौटा। रंग प्रसंग के दफ़्तर में बैठकर लिखने की कोशिश करने लगा। सात बजे तक कुछ सूझ ही नहीं रहा था। मुझे पता ही नहीं चला कि कब मैंने हाथ से 15 पेज लिखा और बारी-बारी से फ़ैक्स करता रहा। रात के 9 बजे जब काम पूरा हुआ तो सारा बदन टूट रहा था। राष्ट्रीय सहारा ने मुखपृष्ठ पर घोषणा के साथ शुक्रवार 31 मार्च 2006 को पूरे एक पेज का वह इण्टरव्यू सभी संस्करणों में छापा। बाद में रविवार को

'सहारा समय' साप्ताहिक में उसे फिर छापा गया। मैं यह प्रसंग आज तक नहीं भूल पाया हूँ—दिलीप भैया की वह सीख भी कि चाहे कुछ भी हो हमें अपना पत्रकार धर्म नहीं भूलना चाहिए।

उन दिनों मेरा 'जनसत्ता' से सम्बन्ध टूट चुका था (मई 2010), विजयदान देथा दिल्ली आये हुए थे। हम उन्हें प्यार से बिज्जी कहते थे। सम्पादक जी ने किसी को उनका इण्टरव्यू करने भेजा। बिज्जी को तुरन्त पता चल गया कि इण्टरव्यू लेने वाले सज्जन ने कुछ भी तैयारी नहीं की है। बिज्जी ने उन्हें चलता किया और सम्पादक जी को फ़ोन पर कहा—"तुमने किसको भेज दिया। कम से कम अजित राय जैसा कोई भेजते।"

सम्पादक जी ने मुझे फ़ोन पर सारा क़िस्सा सुनाते हुए कहा कि बिज्जी चाहते हैं कि 'अजित राय' उनका इण्टरव्यू करें। वह इण्टरव्यू इस संकलन में शामिल है।

अक्टूबर 2002 में मैं अपने मित्र प्रदीप कासनी के घर चंडीगढ़ में ठहरा हुआ था। वहीं पर स्वदेश दीपक भी थे। हम एक सप्ताह साथ-साथ रहे। इस दौरान उनसे बातचीत होती रही। उनकी कई बातों से सहमत होना मुश्किल था फिर भी हमने उनके विचारों का आदर करते हुए पूरा का पूरा छापा।

सबसे बड़ी मुश्किल दूधनाथ सिंह के इण्टरव्यू के छपने के बाद हुई। इस इण्टरव्यू के लिए मैं इलाहाबाद गया था। कुछ सवालों के उत्तर में दूधनाथ सिंह ने रवीन्द्र कालिया पर कुछ आपत्तिजनक आरोप लगाये थे। कालिया जी ने 'राष्ट्रीय सहारा' समूह के प्रधान सम्पादक नामवर सिंह को फ़ोन करके मानहानि का मुकद्दमा करने की धमकी दी थी। उधर दूधनाथ जी का कहना था कि जो छपा है उसमें से कई सवाल उनसे पूछे ही नहीं गये थे। काफ़ी हंगामा हुआ। इसी तरह उदय प्रकाश के इण्टरव्यू के बाद राष्ट्रीय सहारा में महीनों बहस चलती रही।

कुँवर नारायण, केदारनाथ सिंह, राजेश जोशी के इण्टरव्यू बड़े साफ़-सुथरे हैं क्योंकि इनसे कोई भी उत्तेजक या विवादास्पद बात निकलवाना कठिन काम है।

राजेन्द्र यादव जी के साथ मेरे निजी सम्बन्धों के बीस सालों की भरी पूरी यादें हैं। वे ही एकमात्र सच्चे अर्थों में मेरे गुरु थे। उनके इण्टरव्यू की एक अलग किताब हो सकती है। यहाँ केवल दो को शामिल किया गया है।

पत्रकारिता, सिनेमा, राजनीति, रंगमंच और दूसरे क्षेत्रों के जानेमाने लोगों के इण्टरव्यू की अलग किताब तैयार हो रही है। यह किताब मित्र अरुण माहेश्वरी को समर्पित है, साथ ही उन सम्पादकों को जिनके साथ

मुझे काम करने का अवसर मिला। मैं अच्युतानन्द मिश्र जी का कृतज्ञ हूँ जो सम्पादक से अधिक मेरे पिता समान रहे हैं—आलोक मेहता जी का जिन्होंने 'नवभारत टाइम्स', पटना में मेरी पहली रिपोर्ट छापी और काम करने का अवसर दिया जहाँ इब्बार रब्बी और किरण शाहीन मिले। दिल्ली आने के बाद 'नवभारत टाइम्स' में सूर्यकान्त बाली और राम कृपाल सिंह जैसे सम्पादकों का साथ मिला जहाँ विनोद भारद्वाज और प्रयाग शुक्ल मिले जिन्होंने कलम पकड़कर लिखी हुई कॉपी को ठीक करना सिखाया। 'राष्ट्रीय सहारा' और 'सहारा समय' के सम्पादक गोविन्द दीक्षित, विभांशु दिव्याल, अरुण पांडे, दिलीप चौबे और संजय कुंदन ने काम करने की जो आज़ादी दी वह दुर्लभ है। 'अमर उजाला' में चन्द्रभूषण, 'दैनिक भास्कर' में अरुण आदित्य और 'दैनिक जागरण' में धीरेन्द्र अस्थाना और चंडी दत्त शुक्ल के साथ की कई बेहतरीन यादें हैं। 'इंडिया टुडे' में अशोक कुमार और 'आउटलुक' में नीलाभ मिश्र और गीताश्री का हर हालत में साथ मिला।

'जनसत्ता' में लम्बी पारी चली है। प्रभाष जोशी, राहुल देव, अच्युतानन्द मिश्र और ओम थानवी जैसे दिग्गज सम्पादकों के साथ काम करने का अवसर सौभाग्य से ही मिलता है। राम बहादुर राय, मंगलेश डबराल, प्रियदर्शन, संगम पांडे, मनोहर नायक, श्रीश चन्द्र मिश्र, अमित प्रकाश सिंह और सूर्यनाथ सिंह को कैसे भूला जा सकता है। एक लम्बे अन्तराल के बाद 'जनसत्ता' के नये सम्पादक मित्र मुकेश भारद्वाज के वापसी की सुबह हुई है। यह किताब शिखा गुप्ता और अभिषेक कश्यप के अथक प्रयासों से तैयार हो सकी है। ज़ाहिर है यह पहली पुस्तक है और बाकी भी जल्दी ही आ जायेगी। ऐसी उम्मीद तो की ही जा सकती है।

अजित राय

शनिवार
1 अक्टूबर 2016

साक्षात्कार

अख़बारों में प्रतिदिन महत्त्वपूर्ण व्यक्तियों और ख़बरों में रहने वाले सेलेब्रेटीज के साक्षात्कार पर आधारित ख़बरें छपती रहती हैं। इनमें से अधिकतर तो जाने-पहचाने किस्म के बयान होते हैं, कुछ माँगें या उपदेश होते हैं कुछ विवादास्पद बयान होते हैं, कुछ पूर्व में दिये गये साक्षात्कारों का खंडन होता है। बहुत कम ख़बरें ऐसी होती हैं जो गम्भीर या लोकप्रिय विमर्श पैदा करती हैं। यदि किसी लेखक-कलाकार पर सरकारी या गैर-सरकारी हमला होता है, या उन्हें किसी पद पर बिठाया या हटाया जाता है या और भी कुछ ऐसा तात्कालिक घटता है तो ऐसे बयानों-साक्षात्कारों की बहुतायत देखी जाती है।

आज अख़बार सतही साक्षात्कारों से भरे पड़े हैं। इसलिए अख़बारों में अच्छे साक्षात्कारों की माँग बनी हुई है। अवसर विशेष पर संक्षिप्त और तात्कालिक साक्षात्कारों की भी माँग होती है। लेकिन साक्षात्कार चूँकि द्विपक्षीय प्रक्रिया है इसलिए उसकी गुणवत्ता साक्षात्कार देने वाले और साक्षात्कार लेने वाले दोनों पर निर्भर करती है। ऐसा देखा गया है कि साक्षात्कार की गुणवत्ता अक्सर साक्षात्कार लेने वाले पत्रकार की क्षमता और कौशल पर निर्भर करती है। दुर्भाग्य से साहित्य और संस्कृति की दुनिया में हलचल मचाने वाले महत्त्वपूर्ण साक्षात्कार कम ही छपते हैं।

कई बार गम्भीर साहित्यिक साक्षात्कारों के अतिआग्रह के कारण प्रिंट मीडिया में अच्छे साक्षात्कार नहीं छप पाते क्योंकि वे साहित्यिक और गम्भीर पत्रिकाओं के लिए तो उपयुक्त होते हैं किन्तु अख़बार और टीवी जैसे जन माध्यमों के लिए नहीं। संस्कृति-साहित्य से जुड़े व्यक्तियों का साक्षात्कार लेने के लिए कुछ बातें ख़ासतौर पर ध्यान में रखी जानी चाहिए—

- एक सांस्कृतिक रिपोर्टर को चाहिए कि वह जिस व्यक्ति का साक्षात्कार लेने जा रहा है उसके बारे में पूरी जानकारी इकट्ठी करे, पर्याप्त शोध करे और सटीक तथा व्यवस्थित प्रश्नावली तैयार करे। यदि साक्षात्कार बिना लिखित प्रश्नावली के हो तो भी दिमाग़ में प्रश्न अंकित होने चाहिए।
- साक्षात्कार में पहला प्रश्न निश्चित रूप से समसामयिक, तात्कालिक और

समाचार मूल्य वाला होना चाहिए। दरअसल, अख़बारों में रविवारीय परिशिष्ट को छोड़कर आमतौर पर उन्हीं व्यक्तियों का साक्षात्कार छपता है जो ख़बरों में होते हैं।

- सांस्कृतिक रिपोर्टर को उस व्यक्ति से सम्बन्धित दो तरह की सूचनाएँ हासिल करनी चाहिए–1. सामान्य किस्म की और 2. विशिष्ट किस्म की। इन्हीं विशिष्ट सूचनाओं से साक्षात्कार भी विशेष बनता है। प्रश्नों को तैयार करते समय सम्बन्धित अख़बार या टीवी चैनल के चरित्र, उसके पाठक/दर्शक वर्ग की ज़रूरतों और रुचियों का ध्यान रखा जाना चाहिए।
- साक्षात्कार को बड़ी सावधानी और कौशल के साथ लिखा जाना चाहिए। सटीक सवाल और स्पष्ट जवाब। एक भी वाक्य फालतू नहीं। काम की चीज़ें ले लेनी चाहिए, शेष छोड़ देनी चाहिए। हमेशा यह ध्यान रहे कि अख़बार क्या चाहता है–यह नहीं कि रिपोर्टर क्या चाहता है या साक्षात्कार देने वाला क्या चाहता है? दोनों की इसी रस्साकशी में अच्छा साक्षात्कार सम्भव होता है।
- किसी व्यक्ति के साक्षात्कार के आधार पर ख़बर बनाना एक कौशल है जिसे हर रिपोर्टर अपने-अपने ढंग से विकसित करता है। संस्कृति विषयक सामग्री को ख़बर के रूप में फिर से लिखना एक बड़ी चुनौती है। इसके लिए काफ़ी सूक्ष्म दृष्टि, समझदारी, धैर्य और सतर्कता चाहिए।

अनुक्रम

मनोहर श्याम जोशी

दर्जनों उपन्यास अधूरे हैं पता नहीं लिख पाऊँगा या नहीं

आपको बहुत कम पुरस्कार मिले हैं। इतने दिनों बाद साहित्य अकादेमी का महत्त्वपूर्ण पुरस्कार पाकर कैसा लग रहा है?

मैं जो कहने जा रहा हूँ, उस पर आप हँसेंगे। लेकिन इससे पहले दो बातें कहूँगा—एक, जैसे मैंने उस दिन साहित्य अकादेमी में अपने भाषण में कहा भी कि मेरे मित्र सर्वेश्वर दयाल कहा करते थे कि जो लाख समझाने के बावजूद लिखता ही चला जाये उसे कभी-कभी इस ढिठाई के लिए भी पुरस्कार दे दिया जाता है। तुम ठीक कहते हो साहित्य का यही एक बड़ा पुरस्कार मुझे मिला है। मुझे खुशी भी हुई। अन्ततः बात यहाँ टूटती है कि निर्णायक कौन-कौन थे। आम सहमति से फ़ैसला हुआ या नहीं। बहुधा होता यह है कि निर्णायक मंडल में कुछ लोग पहले से तय करके आते हैं कि इस जन्म में फलाँ को पुरस्कार नहीं देंगे। मैं इसलिए जानता हूँ क्योंकि साहित्य अकादेमी पुरस्कार के निर्णायक मंडल में मैं भी कई बार रहा हूँ। इस चक्कर में कोई तीसरा पुरस्कार पा जाता है। यह अजीब बात है कि यहाँ निर्णायक मंडल को अकादेमी एक सूची बनाकर कहती है कि किसी को चुन लो। इस बार हालाँकि जिन लोगों ने मेरे नाम का फ़ैसला लिया वे तीनों (नन्दकिशोर आचार्य, गोविन्द मिश्र और विश्वनाथ प्रसाद तिवारी) तटस्थ थे, विवादास्पद नहीं थे उनका कोई मठ या नामवर सिंह या अशोक वाजपेयी की तरह गुट नहीं था।

अब एक क़िस्सा सुनो। पुरानी दिल्ली के चाँदनी चौक में एक बैंड मास्टर ने कोई अनाम सा पुरस्कार साहित्य कला संस्कृति के लिए शुरू किया। बाद में मध्य प्रदेश के एक ट्रांसपोर्टर ने उस पुरस्कार का अधिग्रहण कर लिया। वे कांग्रेस को काफ़ी चन्दा देते थे। उन्होंने केन्द्र सरकार के दो-दो कैबिनेट मन्त्री को बुला रखा था, पुरस्कार वितरण समारोह के लिए। चूँकि उनमें से एक सूचना व प्रसारण मन्त्री थे तो दूरदर्शन, रेडियो और अख़बारों के पत्रकारों की भीड़ थी। पुरस्कार में पैसा तो था नहीं, कोई ढंग का प्रतीक चिह्न भी नहीं था। लकड़ी की तख्ती पर पुरस्कार का नाम नीचे पतली पट्टी पर चिपका दिया गया जिस पर लिखा था—मनोहर

श्याम जोशी लिटरेचर। थोक के भाव पुरस्कार बँटे। उस समय दूसरे चैनल थे नहीं। दूरदर्शन समाचारों में मुझे भी दिखाया गया। मित्रों के बड़े फ़ोन आये कि चेक कितने का मिला। पुरस्कार पाने वालों में एक उत्तर छायावादी कवि सम्मेलनी मशहूर कवयित्री भी थीं, जिनका महत्त्व सिर्फ़ इसीलिए था कि उनकी दो सुन्दर बेटियाँ थीं। एक अंग्रेज़ी अख़बार के रिपोर्टर ने मुझसे पूछा कि इस महिला का साहित्य में क्या योगदान है? मैंने जवाब दिया—ये अभी तक जीवित चली आ रही हैं। यह योगदान क्या कम है? तो पुरस्कारों की यही हालत है।

आपने साहित्य अकादेमी पुरस्कार पाने के बाद अपने वक्तव्य में कहा था, साहित्यकार बन बैठने के बाद मुझे अपना साहित्य अपनी क्रान्तिकारी भूमिका दोनों ही व्यंग्य के पात्र प्रतीत होने लगे। इसका क्या मतलब है? क्या आपका इशारा मार्क्सवादी विचारधारा के असफल या विघटन की ओर तो नहीं था?

देखो, विचारधारा तो अब भी ठीक है। हमारा खुद को क्रान्तिकारी होने का दावा करना पाखंड है। आप अपने रोज़मर्रा के जीवन में सामन्ती मानसिकता छोड़ नहीं पा रहे हैं और वामपन्थी बनते हैं। यह कैसे सम्भव है? हमारे यहाँ लेखक कुछ ज़्यादा चाहते हैं। अधिकतर लेखक गाँव से दौड़कर दिल्ली आये उन्हें भोग की सारी सुविधाएँ कार, बँगला और पैसा चाहिए था तो क्रान्तिकारिता कैसी? न केवल आचरण क्रान्तिकारी नहीं है बल्कि उनके साहित्य से भी क्रान्ति नहीं हो रही है। मैं तुम्हें बताऊँ जैसे हमारे ज़माने में मलयालम में एक नाटक लिखा गया जिसका शीर्षक था, 'तुमने मुझे कम्युनिस्ट बनवा दिया'। उस नाटक को देख केरल में हज़ारों लोग कम्युनिस्ट बने थे। तुम बताओ, हिन्दी में कौन-सी ऐसी कृति है, जिससे आप हिल जायें।

आपने यह भी कहा है कि मेरी और मेरे मित्रों की प्रयोगधर्मिता पश्चिम से आयात की हुई है और क्रान्ति कामना बुर्जुआ आत्मदया से उपजी भावुकता पर है?

हिन्दी लेखक आम मध्यवर्गीय हिन्दुस्तानी है, जिसके पास अपनी दुखद स्मृतियाँ—माँ गुज़र गयी। पिता भले आदमी थे। रघुवीर सहाय ने लिख दिया था न, 'यही मैं हूँ'। तो आप भावुक बुर्जुआ हैं और फालतू का महान होने का दावा कर रहे हैं। आप सीधे-सादे दुनियादारी के धन्धे में हैं, आपको फेलोशिप, पुरस्कार, विदेश यात्राएँ चाहिए। आप बोहेमियन तक तो हो ही नहीं पाये, क्रान्तिकारी होना तो दूर की बात है। सर्वेश्वर दयाल सक्सेना मज़ाक़ करता था कि यदि आपने सच-सच संघर्ष लिख दिया तो आपका 'बायोडाटा डल' हो गया। शैलेश मटियानी पश्चिम में होता तो बर्तन माँजने और बकरा काटने के लिए पूजा जाता। जिस हिन्दी लेखक ने कोई नयी खोज वास्तव में की ही नहीं तो गर्व काहे का। मैं नहीं कहता कि पश्चिम में लेखक बड़बोले नहीं होते। पर वे वैसा सचमुच का जीवन जीते हैं। एक तो उन्होंने

कुछ नया किया होता है, दूसरे जनता को अधिकार होता है कि वह उनका मज़ाक़ उड़ाये। हेमिंग्वे बड़बोले थे तो वैसी सचमुच की छवि बनाई—मर्दाना छवि। शिकार करना चला दिया कि नये लोग उन्हें पापा कहें तो भक्तमंडली 'पापा' कहने लगी। जैसे हमारे यहाँ अज्ञेय के लिए लोगों ने 'भाई' शब्द चलाया था जो नहीं चला। प्रसिद्ध अख़बार 'न्यूयार्कर' के संस्थापक-सम्पादक एलेन रास की बेटी लिलियन रास हेमिंग्वे का इण्टरव्यू करने गयी। उस समय वे एक महिला के साथ नौका विहार पर जाने को तैयार थे। चेलों ने कहा, 'पापा' साहित्य के मूड में नहीं हैं। जब उसने ज़िद की तो हेमिंग्वे ने उसका मज़ाक़ उड़ाते हुए कहा, "तुम सुन्दर तो हो और बुद्धिमान भी इसमें सन्देह है तो चलो एक साथ नौका विहार पर।" उस इण्टरव्यू ने तहलका मचा दिया था। लिलियन रास ने उसमें हेमिंग्वे को धोकर रख दिया। उसने एक शब्द नोट नहीं किया। सब कुछ वह दिमाग़ में नोट करती गयी। मैंने भी ऐसा ही एक इण्टरव्यू आचार्य हजारी प्रसाद द्विवेदी का लिया था जो कि उन्होंने दिया नहीं था और 'आलोचना' में छपते ही हंगामा हो गया था। आपको पता ही होगा कि हेमिंग्वे अपनी आत्मछवि से इस हद तक आक्रान्त थे कि बुढ़ापा आते ही गोली मार कर आत्महत्या कर ली। हिन्दी में सब जानते हैं, एक हेमिंग्वे भी नहीं बन सके।

तो क्या यह मान लिया जाये कि हिन्दी साहित्य में कोई मौलिक काम नहीं हुआ। नयी कहानी, नयी कविता, प्रयोगवाद आदि?

(बीच में रोक कर) बस! बस! बस! क्या बात करते हो? जिसे 'नयी कहानी आन्दोलन' कहा जाता है उसके तीन प्रमुख नाम जिनमें से एक गुज़र गये (मोहन राकेश), दो अभी हैं, राजेन्द्र यादव और कमलेश्वर। तीनों मेरे मित्र। खुद को स्थापित करने के लिए आन्दोलन चलाया, एक-दूसरे से श्रेय छीनने के लिए लड़ते रहे। क्या कभी इस आन्दोलन का कोई घोषणा-पत्र छापा? नहीं। नयी कविता की बात थी। फैली नयी कविता? क्या इससे जुड़े कवियों ने कभी लिखकर बताया कि उनकी कविता पहले से क्यों और कैसे भिन्न है? जैसे फ्रांस में कविता में प्रतीकवाद आन्दोलन चला तो अब हिन्दी में भी प्रतीकवाद। हिन्दी लेखकों की सारी प्रयोगधर्मिता पश्चिम से उधार ली गयी है। मैं कहना यह चाहता हूँ कि न हम पश्चिमी किस्म के लेखक बन पाये न वैसा आन्दोलन चलाया, फिर भी हमारे यहाँ आत्मकीर्ति या आत्मगौरव का चक्कर कुछ ज़्यादा ही है। यदि आप कुछ अलग किस्म का होने का दावा करते हैं तो आपका जीवन और साहित्य वैसा सचमुच में होना चाहिए। हिन्दी लेखक का पूरा जीवन निम्न मध्यवर्ग से उच्च मध्यवर्ग तक का सफ़र करने में बीत जाता है जो उनकी प्रेरणा है वह आत्महत्या से है। आजकल पापड़ बेलने की भी यशगाथा गायी जा रही हैं। सहज स्वीकृति नहीं है। सर्वेश्वर जब मूड में आता था तो कहता था—'ये जेनुइन नहीं हैं।'

अभी हिन्दी में जादुई यथार्थवाद पर बड़ी बहसें हो रही हैं। कुछ लोग मानते हैं कि आपकी आख्यान शैली इससे जुड़ती है। क्या यह सच है?

पश्चिम में भी आधुनिक कथा-साहित्य के बारे में यह मान्यता है कि वह उस युग की देन है जिसमें पश्चिम सामन्तवाद से औद्योगिक शक्ति बन रहा था। उसे मैं कहता हूँ कि वहाँ वैश्यक्रान्ति हो रही थी। उस कथा-साहित्य ने यथार्थ का चित्रण करके दूर-दराज के पाठकों के लिए ऐसे देश एवं काल निरूपति किये, वैसे संसार रचे जिनसे वे या तो अवगत न थे या जिनसे पैठ असम्भव थी। जैसे पेरिस गया ही नहीं उसके लिए खींच दिया पेरिस का ऐसा रंगीन चित्र कि वह उस रस में डूब जाये। तो इसी का नाम यथार्थवाद पड़ा। यदि किसी पाठक ने कोठा न देखा हो और पेरिस के कोठे का लेखक वर्णन करे तो उसके लिए यह पहली चीज़ हुई कि नहीं? जबकि पहले साहित्य में देवी-देवता, परी कथाओं, सामन्ती जीवन आदि का चित्रण होता था। आज से चार सौ साल पहले स्पेनिश में सर्वांतीस ने 'दोन किहोते' जैसा उपन्यास लिखा। वैश्य वर्ग की पत्नियों को पढ़ने को चाहिए था क्योंकि वे खाली ऊबी हुई होती थीं।

जब पश्चिम में अख़बार आ गया जो रोज़ विचित्रताओं से भरा होता था तो ऐसे यथार्थवादी उपन्यासों के लिए मुश्किल होने लगा तो प्रयोगवाद आया। क़िस्सागोई ख़त्म होने लगी। तुम्हें बताऊँ कि जिसे उत्तर-आधुनिक या जादुई यथार्थवाद कहा जाता है—उसका सबसे पहले प्रयोग साहित्य में नहीं आर्टिटेक्ट में हुआ। लेकिन इसका भी कोई विधिवत घोषणा-पत्र नहीं आया।

एक सज्जन हुए होर्जे लुई बोर्हेस (हिन्दी वाले गलत पढ़ते हैं—जार्ज लुई बोर्खेज़)। उनका सारा आरम्भिक जीवन यूरोप में बीता। बहुभाषी थे। स्वदेश लौटे तो लाइब्रेरी में रख दिये गये। क्रमशः अन्धे होते गये। पहले एक अख़बार में साहित्यिक कॉलम लिखकर प्रसिद्ध हुए। उन्होंने स्थापना दी कि जो यूरोपीय साहित्य दृष्टि है, वह ईसाई यहूदी परम्परा की जीवन दृष्टि से आक्रान्त है। जब तक आप काफिर नहीं होंगे। इस दृष्टि से मुक्त नहीं होंगे जब तक आप मौलिक साहित्य नहीं लिख सकते। डंके की चोट पर उन्होंने कुछ विचित्र कहानियाँ भी लिख दीं जिनमें स्थानीय वीरगाथाएँ और पूरब के साहित्य का अनुकरण किया गया था।

हमारे मित्र श्रीकान्त वर्मा जो उन दिनों कांग्रेस के बड़े प्रभावशाली नेता थे यह 1969-70 का दौर होगा उन्हें खुश करने के लिए कई लोग विदेशों से नयी-नयी किताबें लाकर भेंट करते थे। उनके यहाँ से मैं बोर्हेस की किताब 'फिचीमोने' लाया था जिसका हिन्दी में अर्थ है 'गल्प'। मैंने शमशेर बहादुर सिंह को दिखाया तो वे चमत्कृत रह गये। मैंने कई लेखकों से इसका अनुवाद करने को कहा। किसी ने दिलचस्पी नहीं ली। तब तक मैं भूलवश नाम बोर्जे समझता रहा। मैंने साप्ताहिक

हिन्दुस्तान में अपने स्तम्भ में लिखा। आप यह न समझें कि मैंने बोर्हेस की नकल की। यदि हिन्दी में कुछ भी चला दो तो नाम हो जाता है। मुझे यह आख्यान पद्धति एक मुक्ति का मार्ग लगा। मुझे तो इस बात में आनन्द आया कि जादुई यथार्थवाद से जुड़े सारे लेखक कम्युनिस्ट थे और ऐसा लिखते थे।

पर हिन्दी में आधुनिकता, उत्तर-आधुनिकता, जादुई यथार्थवाद का कोई असर दिखता है?

जब हिन्दी में सही मायने में आधुनिकता और यथार्थवाद ही नहीं आया तो उत्तर-आधुनिकता और जादुई यथार्थवाद कैसे आ सकता है जैसा कि मैंने पहले कहा, हमारे यहाँ आधुनिकता पश्चिम से आयात की हुई है। आते ही हमारी प्रतिक्रिया दो स्तरों पर हुई। पहली कि 'आधुनिक होने दो हमें क्या करना, हम तो पहले से ही महान हैं।' क्या कभी यह आन्दोलन होता है कि 'हम भ्रष्ट हैं, हमें आधुनिक हो जाना चाहिए।' तो दूसरी प्रतिक्रिया कि हम यथार्थ से घबराते रहे पर लोक आख्यान शैली से भी परहेज करते रहे। हमने बीच का रास्ता चुना—आदर्शोन्मुख यथार्थवाद। यानी न आदर्शवादी न यथार्थवादी। हमारे यहाँ संस्कृत का घोंटा लगाये पंडित और मार्क्स का घोंटा लगाये तथाकथित क्रान्तिकारी दोनों की स्वीकृति प्राप्त है। यदि कोई लेखक सेक्स की, वेश्याओं की, हिजड़ों की, समलैंगिकों की बात लिख दे तो उसे दोनों खेमा अस्वीकृत कर देगा। स्वयं मार्क्स की टिप्पणी है, 'आदर्श, यथास्थितिवादी होता है जिस पर लीपापोती करने से अच्छा है तोड़फोड़ करना।'

हिन्दी में क्या हालत है, इसके लिए एक उदाहरण देता हूँ। मैंने एक कहानी काफ़ी पहले लिखी थी—'चौकीदार का बेटा' जिसमें हल्का सा यौन प्रसंग था। प्रगतिशील लेखक संघ के प्रकाशचन्द्र जी को दिखाया तो उन्होंने कहा बकवास है। यह क्या सेक्स-वेक्स की बात। ख़बरदार जो कभी ऐसा लिखा। उन्होंने यह कहानी फाड़कर फेंक दी। उन्होंने मुझे 'लूपेन पोलितारियत' कहा तो हमारे यहाँ यथार्थवाद उस अर्थ में आया ही नहीं जैसा पश्चिम में आया। हमारे यहाँ अखिलेश या शिवमूर्ति ऐसा लिखते हैं तो 'बहुत देर' माना जायेगा। उत्तर-आधुनिकता पर केवल सुधीश पचौरी ने दो-चार प्रवचन दिये हैं बस। तो यह हिन्दी में 'आउट आफ़ कोर्स' है। हमने इन अवधारणाओं को स्वीकार ही नहीं किया।

आपके लेखन पर अश्लीलता का आरोप लगाया जाता रहा है। ख़ासतौर पर 'हमजाद' उपन्यास पर। हालाँकि इसे उदय प्रकाश, हिन्दी का पहला ऐसा महत्त्वपूर्ण उपन्यास मानते हैं जिसमें 'पॉपुलर कल्चर' की आलोचना की गयी है जो आज हमारे चारों ओर अराजक रूप में पैठ जमा चुका है?

'हमजाद' को लिखते समय मेरे दिमाग़ में आदमी के अस्तित्व को लेकर कई बातें थीं। मैं उसके अँधेरे पक्षों की ओर गया। आदमी के अस्तित्व में ही जो घटियापन,

दुष्टता या 'एविल' है, दूसरे रचनाकारों-कलाकारों के भीतर भी 'एविल' है और तीसरे खुद लेखक यानी मैं भी उसका एक पात्र हूँ जो कहानी कहता है—उसके भीतर भी शैतानियत है। 'हमजाद' पर विजयमोहन सिंह ने लिखा—'मनोहर श्याम जोशी उन अमेरिकी लेखकों की तरह हैं जो 'पोर्न' (अश्लील साहित्य) लिखकर नाम और पैसा कमाते हैं।' मुद्राराक्षस की सुनिये, 'भाँग की पकौड़ी और हमजाद' में अन्तर नहीं। बटरोही ने 'हरिया हरक्यूलिस की हैरानी' उपन्यास को धारावाहिक प्रकाशित करने वाली पत्रिका 'इंडिया टुडे' के सम्पादक को लिखा, इसे पढ़कर मुझे उलटी हो गयी, बन्द कीजिए। मैंने एक पारिवारिक महिला मित्र को इसे उपहार दिया। (हँसते हुए एक लेखक तो अपनी किताबें ही उपहार दे सकता है।) तो उन्होंने पढ़ने के बाद फ़ोन किया—'बकवास है'।

मैं विद्यानिवास मिश्र जी का बड़ा आदर करता था। उनको 'हमजाद' पढ़ने को दिया। पुस्तक पर लिखकर—'बहुत संकोच और भय के साथ।' उन्होंने पढ़ने के बाद बहुत गम्भीरतापूर्वक कहा, 'तुम्हें यह नहीं लिखना चाहिए था।' मैंने पूछा, 'क्या यह उपन्यास अश्लील है?' उन्होंने कहा, 'नहीं। पर यह हिन्दी भाषी समाज की मानसिकता से मेल नहीं खाता। यदि यह मराठी, बांग्ला या मलयालम में लिखा गया होता तो ठीक था।' मैंने मन ही मन कहा, 'यह क्या बात हुई।' पर आज मुझे लगता है कि उनकी बात में दम है। हिन्दी वाले आज भी चुटकुले, लतीफा, आत्मप्रवंचना ही पसन्द करते हैं। मैं मानता हूँ कि मैंने कुछ भी अश्लील नहीं लिखा। यदि आपका आशय कि इशारे से भी सेक्स की बात अश्लील है, वर्जित है तो मैं इसे नहीं मानता। एक ज़माने में द्वारका प्रसाद जी के दो उपन्यास इसी कारण चर्चित हो गये थे। 'मम्मी बिगड़ेगी' और 'घेरे के बाहर'। आप बताइए कि 'चित्तकोबरा' में ऐसा क्या था कि उसकी लेखिका मृदुला गर्ग को जेल भिजवाने पर लोग तुल गये थे। हम हिन्दी वाले क्या कोई दुनिया से न्यारे हैं। मुझे इन आरोपों से जरा सी भी परेशानी नहीं। मैं हिन्दी में कुछ भी लिख दूँगा तो मुझे कुछ ख़ास मिलता नहीं है—न बड़ा पाठक वर्ग न पैसा। मुझे हिन्दी की लीला का पता है।

मैं एक बात और साफ़ कर दूँ कि लोकप्रियता के लिए मेरी रचनाओं में जान-बूझकर सेक्स प्रसंग कतई नहीं आता। हिन्दी में केवल मैं और दूसरे राजेन्द्र यादव हैं, जिन्होंने दुनिया भर का सारा पोर्न लिटरेचर पढ़ रखा है। हम चाहें तो कमाल का अश्लील साहित्य लिख सकते हैं। मुझे पता है कि जनता कैसे प्रसन्न होती है। आप मेरे सीरियल देखिए। मैं चाहता हूँ कि एक जबरदस्त किस्म का पॉपुलर उपन्यास, एक प्रेम कथा, एक जासूसी उपन्यास लिखूँ जो हंगामा मचा दे।

तो इन दिनों किन किताबों, उपन्यासों पर काम कर रहे हैं। आपके कई उपन्यास अधूरे पड़े हैं?

एक तो 'कपिश जी' जिसकी तुम बार-बार चर्चा करते रहते हो। उसका अमेरिका वाला हिस्सा बच गया है। एक दूसरा उपन्यास है कम्बोडिया की पृष्ठभूमि पर 'गिनुआ' जो 'सोच' पत्रिका (पंकज सिंह) में छपेगी। एक लिख रहा हूँ 'क़िस्सा पौने चारयार।' पश्चिम बंगाल में तुमने सुना होगा कि 'भवाल संन्यासी केस' पर फ़िल्म धारावाहिक की पटकथा लिखी थी। वह शीघ्र 'कौन' नाम से आ जायेगी। मैं कुछ वैज्ञानिक कथा साहित्य लिखना चाहता हूँ। भूपेन्द्र अबोध नाम के एक लेखक ने एक सत्यकथा लिखी थी जिस पर कल्पना लाजिमी के लिए डेढ़ लाख रुपये लेकर कजरी नाम से एक स्क्रिप्ट लिखी थी। उस पटकथा को छपवाना चाहता हूँ। अधूरे उपन्यास दर्जनों पड़े हैं। पता नहीं लिख पाऊँगा या नहीं। पर 'कपिश जी' को लेकर मैं गम्भीर हूँ। यह मेरी एक महत्त्वपूर्ण रचना बनेगी। अच्छा अब बाकी बातें अगली बार। आज तो बेटे को छोड़ने एयरपोर्ट जाना है। वह अमेरिका जा रहा है।

('दैनिक राष्ट्रीय सहारा' में प्रकाशित)

विजयदान देथा

बोलियाँ हैं तो हिन्दी है

समकालीन कथा परिदृश्य में विजयदान देथा की कहानियों की एक विशिष्ट जगह है। निपट लोकतत्त्वों से निर्मित और खाँटी क़िस्सागोई के बीच विकसित इन कहानियों में देथा जिस खूबी के साथ आधुनिक भावबोध का समावेश करते हैं वह उन्हें एक अनूठा कहानीकार बनाती है। राजस्थान के लोकजीवन और लोकरस में रचा पगा उनका रचना संसार करीब पाँच दशकों में पसरा है और दो भाषाओं—राजस्थानी और हिन्दी—के बीच आवाजाही करता है। हिन्दी में लिखना शुरू करने वाले देथा ने बाद में राजस्थानी में कहानियाँ लिखीं और दोबारा हिन्दी की ओर लौटे। 'बातां री फुलवारी', 'दुविधा और अन्य कहानियाँ', 'उलझन', 'सपनप्रिया' और कई अन्य कहानी संग्रहों के रचयिता विजयदान देथा का रचना संसार विपुल-विराट है जिसमें कविता, उपन्यास, समीक्षात्मक निबन्धों और संस्मरणात्मक लेखन के अलावा विभिन्न विषयों और विधाओं की किताबें शामिल हैं। देथा की दृश्यबहुल और संवेदनसंकुल कहानियों ने इतर माध्यमों को भी आकर्षित किया है। 'दुविधा' पर मणि कौल ने फ़िल्म बनाई और 'परिणति' पर प्रकाश झा ने। इसके अलावा कई प्रतिष्ठित निर्देशकों ने उनकी कहानियों के मंचन किये हैं। हाल की दिल्ली यात्रा में विजयदान देथा से हुई बातचीत के मुख्य अंश :

आपने लिखने की शुरुआत हिन्दी में की। आपकी रचनाओं को काफ़ी सराहा भी गया। पर आपने लगभग बोली समझी जाने वाली भाषा राजस्थानी में लिखने का संकल्प क्यों लिया?

यह सच है कि लगभग तेरह सौ कविताएँ और तीन सौ कहानियाँ मेरी हिन्दी में हैं। सन् '58 में मेरी किताब 'साहित्य और समाज' छपी। सन् '58 से ही संकल्प लिया कि मैं अपनी मातृभाषा राजस्थानी में ही लिखूँगा। हालाँकि इस भाषा में मेरा कोई औपचारिक शिक्षण-प्रशिक्षण नहीं हुआ था और न ही इस भाषा में प्रेमचन्द, प्रसाद, निराला जैसे कालजयी साहित्यकार थे। सन् '60 में मैं अपने गाँव बोरूदा (जोधपुर) में ही बसने का निर्णय ले चुका था। वहीं आसपास के लोगों से लोकगीत और पारम्परिक कथाएँ सुना करता था। मुझे लगा कि यदि वे सैकड़ों वर्षों से लोगों की ज़ुबान में ज़िन्दा हैं तो उनमें ज़रूर कोई ताकत है। फिर आप यदि पुराने रूस

को याद करें तो उस समय का एलीट तबका फ्रेंच बोलता था जो श्रेष्ठता की भाषा थी, पर कोई रूसी लेखक फ्रेंच में लिखकर महान नहीं हुआ। पुश्किन, टालस्टाय आदि ने रूसी में ही लिखा। जब मैंने पाँच-छह वर्ष की उम्र में शिक्षा के लोभ से गाँव छोड़ा तब से बीस वर्ष तक अंग्रेज़ी-हिन्दी ही पढ़ने-पढ़ाने का माध्यम रही। संस्कृत के रूप, हिन्दी व अंग्रेज़ी की स्पेलिंग रटनी पड़ती थी। गलती होने पर मुर्गा बनना पड़ता था, धूप में खड़े रहना पड़ता था, डंडे खाने पड़ते थे। पर राजस्थानी तो किसी पाठशाला में नहीं सीखी, फिर भी उसने कंठ का बसेरा नहीं छोड़ा। आपसी बातचीत का हमेशा माध्यम बनी रही। सन् '58 तक हिन्दी में कितना कुछ पढ़ा और लिखा किन्तु भीतर न जाने किस कोने से यह गुंजन सुनाई देती रही कि राजस्थानी में लिखे बिना मेरे सृजन का निस्तार नहीं है। इस गुरुमन्त्र का अर्थ स्पष्ट होते ही मैंने राजस्थानी में लिखने का ऐसा दृढ़ संकल्प लिया कि पूरे 12 बरस मजबूरी के अलावा हिन्दी में किसी को चिट्ठी तक नहीं लिखी। वह निर्णय उस वक़्त आत्महत्या से भी हज़ार गुना घातक था, पर डटे रहने के फलस्वरूप वह मेरे लिए वरदान हो गया।

यदि हिन्दी की आधार भाषाओं और बोलियों के लेखक ऐसा ही संकल्प कर लें तो फिर हिन्दी के खाते में तो बहुत कम बचेगा?

नहीं, मैं ऐसा नहीं मानता। मेरी बातों को, जैसा कि मैं बार-बार कहता रहा हूँ, अन्यथा न लिया जाये। भाषा के नाम पर हो रही राजनीति से भ्रम फैला है। कितना आसान है यह कहना कि राजस्थानी, मैथिली, डोगरी, अवधी, भोजपुरी आदि मातृभाषाएँ हिदी की बोलियाँ हैं। कितनी घातक और राष्ट्र विरोधी है यह सोच कि जिन भाषाओं की परम्परा सैकड़ों वर्षों से अबाध चली आ रही है वे तो हो गयीं हिन्दी की बाँदियाँ और जो कल-परसों अस्तित्व में आयीं, वह हो गयी शहज़ादी। हिन्दी की सबसे बड़ी कमज़ोरी यही है कि वह भारत के किसी भूखंड की बोली नहीं है, वाणी नहीं है जो माँ, परिवार व स्वजनों के कंठों से निःसृत होकर शिशु के कानों में अमृत घोलती है। राष्ट्र की सम्पर्क भाषा हिन्दी हो—इससे किसी लेखक का विरोध नहीं है, लेकिन हिन्दी के पक्षधर—चाहे वे प्रकाशक हों, पत्रकार, प्राध्यापक, आलोचक या भाषाविद्—यदि वे मातृभाषाओं का कंठ दबोचेंगे तो हम उसका विरोध करने में पीछे नहीं हटेंगे। मैं स्वीकार करता हूँ कि हिन्दी के राजपथ पर चलते-चलते ही मुझे अकस्मात राजस्थानी की बगिया हाथ लगी है और उसकी फुलवाड़ी के सुरभित फूलों से मैं हिन्दी की अर्चना करूँगा जिससे वह और अधिक सम्पुष्ट होगी। फिर भी विकास के किसी भी दौर में वह राजस्थानी से होड़ नहीं ले सकती। मातृभाषाओं को गले लगाकर ही हिन्दी धन्य होगी। यदि बोलियाँ नष्ट होंगी तो हिन्दी भी नष्ट हो जायेगी।

बीसवीं सदी के साहित्य सृजन की पूरी यात्रा एक तरह से आधुनिकता की ओर जाने की यात्रा रही है। ऐसे में परम्परा और लोक की ओर लौटना क्या इसका विलोम नहीं हुआ?

इस बात को थोड़ा गम्भीरता से समझने की ज़रूरत है कि हमारे लिए परम्परा और आधुनिकता के क्या मायने हैं? जहाँ तक मेरी कहानियों का प्रश्न है तो यह बात बिल्कुल स्पष्ट है कि मैं केवल कथानक के स्तर पर पीछे या कहें परम्परा और लीक से गया हूँ अभिप्राय और मूल्यबोध के स्तर पर नहीं। कई बार पारम्परिक लोकचेतना तथा मूल्य सामन्ती, जन विरोधी और अहितकर होते हैं जिनसे हमें सावधानी से बचना होता है। मैंने अपनी हर कहानी में आधुनिक, प्रगतिशील और बहुजन हिताय मूल्यों और चेतना को अपनाया है। इसलिए मेरी यात्रा विलोम नहीं है। फैंटेसी और आधुनिक यथार्थ का आप ऐसा ताना-बाना मेरी कहानियों में पाते हैं जिससे एक नया रूप निखरकर सामने आता है। इसीलिए यह लोक और पारम्परिक कथाओं का पुनर्लेखन भी नहीं है। मैंने कथानक के मूल ढाँचे को जस का तस रखा है, पर मूल्यबोध बदल दिया है।

वे क्या मूल्य हैं जिन्हें आपने अपनी कथाओं का आधार बनाया है?

मैं स्वीकार करता हूँ कि मार्क्सवादी साहित्य पढ़ने के कारण मुझ पर वाम-विचारधारा का प्रबल असर पड़ा। इसी सन्दर्भ में मैंने अपने लिए कुछ मूल्य बनाये। पहला, ईश्वर या उसके जो भी रूप हैं उनका विरोध। मैं मानता हूँ कि मनुष्य ने ईश्वर को बनाया इसलिए मेरे लिए मानवीय गरिमा से बड़ी कोई बात नहीं। मेरी कहानियों के तमाम अलौकिक, चमत्कारी और दैवी प्रसंगों में मानवीय गरिमा ही स्थापित होती है। दूसरा मूल्य है धर्म और उसके आतंक का विरोध। तीसरा है, धन की ताकत और पैसेवालों का विरोध तथा चौथा मूल्य है हर तरह के सामन्तवाद का विरोध तथा समाज के वंचित शोषित तबकों के साथ खड़े होना। मेरे लिए साहित्य सृजन स्वान्तःसुखाय और कलाकारी मात्र नहीं है।

तो क्या आप मानते हैं कि एक लेखक के लिए वैचारिक प्रतिबद्धता ज़रूरी है?

यह बात सच है कि विचारधारा और मूल्य के बगैर कोई सार्थक लेखन सम्भव ही नहीं है। अक्सर इसे लेखन की स्वायत्तता-स्वतन्त्रता पर एक ख़तरा या प्रतिबन्ध मान लेने की गलती की जाती है। हमारे समय के कई बड़े कहे जाने वाले लेखक इस प्रश्न को कुतर्क के रूप में अपने विरोधियों के ख़िलाफ़ दुष्प्रचार में इस्तेमाल करते हैं। जब मनुष्य (लेखक भी एक मनुष्य है) खुद स्वायत्त और स्वतन्त्र नहीं है—वह जीवन में हज़ारों जगह बँधा हुआ है तो लेखन कैसे स्वायत्त हो सकता है। इसका अर्थ विचारधारा की ग़ुलामी या कट्टरता का शिकार होना नहीं है। विचारधारा और

परिवर्तन में सन्तुलन ज़रूरी है। ठीक उसी तरह जैसे कोई जीव सारी उम्र अंडे के भीतर ही नहीं गुज़ार देता।

मैं इस प्रश्न के दूसरे पक्ष पर कहना चाहूँगा कि अन्धविश्वास लेखक के लिए उतना घातक नहीं होता जितना अन्ध-विश्वास। दरअसल अन्धविश्वासों के बगैर जीवन नहीं चल सकता। पुराने अन्धविश्वास टूटते हैं और नये बनते हैं। दुनिया के विकसित कहे जाने वाले देशों और समाजों में हम यह देख सकते हैं। पुराने अन्धविश्वासों पर तो सबकी नज़र होती है पर नये अन्धविश्वासों को हम अनदेखा कर देते है। हमारे देश में बढ़ रही धार्मिक कट्टरता, उन्माद और हिंसा क्या इसी का रूप नहीं है जिसे शिक्षित मध्यमवर्ग सबसे अधिक मान रहा है। जैसा पानी कुएँ में होगा वैसा ही तो बाहर आयेगा। लेखक पहले मनुष्य है। सवाल वैचारिक प्रतिबद्धता का नहीं उसके चरित्र का है। जैसा उसका मानव व चरित्र होगा वैसी ही उसकी रचना होगी।

भूमंडलीकरण, प्रौद्योगिकी और आधुनिक उपभोक्तावादी होड़ ने भारतीय लोक जीवन और पारम्परिक विरासत पर किस तरह के ख़तरे उत्पन्न किये हैं?

इसका सीधा असर हम नयी पीढ़ी में देख सकते हैं। आप ध्यान दें कि बच्चों में कैसी चेतना विकसित हो रही है। क्या उनकी चेतना में लोक जीवन और पारम्परिक सक्रियताओं के लिए कोई जगह है? चीन और रूस प्रौद्योगिकी और शिक्षा के सहारे लोक साहित्य को बच्चों की चेतना में डालकर सुरक्षित रखा। आज दुनियाभर में मान लिया गया कि यदि मनुष्य ही बेहतर नहीं हुआ तो यह सारा विकास किस काम का। एक ओर प्रौद्योगिकी बर्बर, क्रूर और अमानुषिक बना रही है तो दूसरी ओर यह नौकरशाहों और सत्ताधारियों के कारण सब कुछ मिटाने पर आमादा है। अंग्रेज़ी के वर्चस्व ने लोकभाषाओं के अस्तित्व पर ख़तरे पैदा कर दिये हैं। हर देशज चीज़ को नकारने की साजिश जारी है। लोक-संस्कृति और साहित्य का प्रौद्योगिकी के जरिए संरक्षण होना चाहिए था जो कि नहीं हुआ। हमारे बच्चे पारम्परिक खेलों तक को भूल रहे हैं। कई पेशे नष्ट हो गये। महान मानवशास्त्री लेविस स्त्रास ने ठीक ही कहा था—पिकासो आज नहीं तो हज़ार साल बाद पैदा हो जायेगा पर जाने-अनजाने परम्परागत सांस्कृतिक विरासत को छोड़ दिया तो उसे कभी नहीं प्राप्त कर सकेंगे। क्या भारत का प्रभुवर्ग यह समझने को तैयार है?

आज हम अपने देश में ही विदेशी बने हुए हैं। चाहे जितना भूमंडलीकरण हो पर अपनी परम्परा और लोक संस्कृति को नष्ट करने की इज़ाजत कैसे दी जा सकती है। हम तेज़ से तेज़ विमान बना लें पर पाँव से चलना तो नहीं बन्द कर सकते? परिवार में नानी-दादी की जो भूमिका होती थी वह रेडियो-दूरदर्शन की हो गयी है। इस विश्वग्राम में हमारी संस्कृति का क्या स्थान होगा—सवाल यह है।

आप उन गिने-चुने लेखकों में हैं जिन्होंने कभी नौकरी नहीं की और पूर्णकालिक लेखन करते रहे। यह कैसे सम्भव हुआ?

यह सच है कि मैंने प्रण किया था कि कभी नौकरी नहीं करूँगा और आज तक इस बात पर कायम हूँ। यदि यह सम्भव हुआ तो इसका सारा श्रेय मित्रों को जाता है। स्वर्गीय बलराज सिंह राठौड़, स्वर्गीय पुष्पराज मृदुल और कोमल कोठारी का मुझ पर बड़ा उपकार है। हालाँकि कई बार आर्थिक अभावों के कारण आत्महत्या कर लेने का भी विचार आया। पर मैं बच गया। मुझे इन्हीं शब्दों ने बचा लिया। लेखक के लिए इस तरह ज़िन्दा रहना बहुत मुश्किल है।

आपने बार-बार कहा है कि आपको सबसे अधिक ख़ुशी साहित्य पढ़कर होती है। आपने प्रचुर देशी-विदेशी साहित्य पढ़ा है। आपकी रचनाओं पर क्या इनका प्रभाव पड़ा है?

बिल्कुल नहीं। शरतचन्द्र, रवीन्द्रनाथ टैगोर, प्रेमचन्द, जयशंकर प्रसाद, महादेवी वर्मा, मैथिलीशरण गुप्त, भगवतीचरण वर्मा, अमृतलाल नागर आदि कई प्रिय लेखकों की रचनाओं को मैं कई बार पढ़ चुका हूँ। अमेरिका के मार्क ट्वेन और हावर्ड फास्ट, फ्रांस के विक्टर ह्यूगो, सार्त्र और कामू, इंग्लैंड के टॉमस हार्डी, आस्कर वाइल्ड और जॉर्ज बर्नार्ड शॉ, रूस के पुश्किन, टॉलस्टाय, दास्तोवस्की, गोर्की और चेखव को कई बार पढ़ चुका हूँ। ये सभी मेरे साहित्यिक गुरु हैं। पर मैंने भूलकर भी इनके साहित्य से सीधा प्रभाव ग्रहण नहीं किया। सृजन से कहीं अधिक मुझे श्रेष्ठ साहित्य के पारायण से आनन्द की अनुभूति होती है। हर बार महसूस करता रहा हूँ कि इस रचना को पढ़े बिना मर जाता तो मेरी सद्‌गति में व्यवधान उपस्थित हो जाता। यह तो पता नहीं कि मैं कैसा लेखक हूँ, पर यह पता है कि मैं एक अच्छा पाठक ज़रूर हूँ।

स्वदेश दीपक

मैं अँधेरे का लेखक हूँ

आपने लम्बी बीमारी के बाद लगभग स्वस्थ होने पर जो पहला नाटक लिखा वह है 'सबसे उदास कविता'। इसमें आपने नक्सल आन्दोलन और सशस्त्र क्रान्ति को नये सिरे से महिमामंडित किया है जबकि सच्चाई यह है कि नक्सल आन्दोलन आज काफ़ी कमज़ोर हो चुका है और भारतीय समाज में कहीं बड़े पैमाने पर स्वीकृत नहीं है। फिर भी आप इस विचारधारा की वकालत क्यों कर रहे हैं?

आज़ादी के बाद से अब तक के पिछले 55 सालों का मेरा अनुभव बताता है कि हम केवल बातचीत से लोगों को नहीं बदल सकते। लोग डर से ही कोई बात सुनने को राजी होते हैं। फिर सत्ता भी तो हथियारों के बल पर ही शासन करती आ रही है। राजसत्ता को सबसे बड़ा डर भी यही है कि एक दिन आम आदमी उससे डरना छोड़ उसका मुक़ाबला करने को तैयार हो जायेगा। मेरे नाटक 'कोर्ट मार्शल' पर भी सेना को यही ऐतराज़ था कि इससे सैनिकों को विद्रोह की प्रेरणा मिलती है। पर वे मुझ पर मुक़दमा नहीं कर पाये क्योंकि आज तक उससे एक भी तथ्यात्मक गलती नहीं निकाल सके। फिर एक लेखक के रूप में मुझे लगा कि जो लोग सशक्त क्रान्ति में विश्वास करके लड़ रहे हैं उन पर लिखा जाना चाहिए। वे लोग सही हैं या गलत इसका फ़ैसला समय करेगा। पर आप उनकी उपस्थिति से कैसे इनकार कर सकते हैं। यह भी कम पाखंड नहीं है कि आप वैचारिक क्रान्ति से तो परेशान नहीं होते पर सशस्त्र क्रान्ति से परेशान होने लगते हैं। सिर्फ़ विचार के कमज़ोर हथियार से कुछ नहीं हो सकता। फिर एक नाटक में यह सम्भव ही नहीं है कि इस विमर्श को पूरी तरह हल कर दिया जाये। मैं नहीं मानता कि वे लोग बिना सोचे-समझे लड़ रहे हैं। सबसे उदास कविता वाली स्थिति आज यदि नहीं है तो कल आ जायेगी। एक लेखक से भविष्य को देखने का अधिकार आप नहीं छीन सकते। यह भविष्य दृष्टि सही भी हो सकती है और गलत भी। 'सबसे उदास कविता' में मैंने भी उनको हारता हुआ दिखाया है पर मेरा विश्वास है कि यह हार ही उनकी जीत भी होगी।

आपने लेखन की शुरुआत कहानी से की। आपकी कहानियों को प्रसिद्धि भी मिली। पर पिछले 13-14 सालों से आपने कोई कहानी नहीं लिखी और लगातार नाटक ही लिख रहे हैं। इसकी कोई ख़ास वजह?

यदि किसी लेखक के जीवन में कुछ दोस्त आ जायें जो बिना लेक्चर दिये बातें करें तो आप बदल सकते हैं। विकास नारायण राय और प्रदीप कासनी ने मुझे अहसास दिलाया कि जो मैं अपनी रचनाओं में कहना चाहता हूँ वह नाटक में ही सम्भव है। उसके लिए कहानी या कविता नाकाफी है। हालाँकि शुरू में मुझे नाटक के फार्म के बारे में कुछ नहीं पता था। संस्कृति विभाग के एक अधिकारी एम.आर. धीमान उन दिनों अम्बाला में रहते थे। उन्होंने मेरी कहानियाँ पढ़ीं तो कहा कि मैं तो नाटक लिख सकता हूँ। उन्होंने ही मेरी कहानी 'बाल भगवान' का नाटक रूपान्तर किया। शिमला में इसका शो हुआ। दर्शकों की अपार प्रतिक्रिया से मैं अभिभूत था। जब 'कोर्ट मार्शल' आया और देश भर में इसके कारण मुझे जितना प्यार और प्रतिष्ठा मिली उतनी तो एक कहानीकार के रूप में मुझे अब तक नहीं मिली थी। मैं हर नाटक की पहली स्क्रिप्ट राष्ट्रीय नाट्य विद्यालय के संस्थापक इब्राहीम अलकाजी को भेजता हूँ। 'सबसे उदास कविता' को पढ़कर उन्होंने कहा—"अब तुम्हें मेरी ज़रूरत नहीं है।" मेरी कहानियों में पहले भी विजुअल अपील थी। मैं कहानियों में तो अँधेरे का लेखक रहा। मैं उजाले में आना चाहता था। राजनीतिक-सामाजिक विचार की खिड़कियाँ मेरे लिए बन्द थीं क्योंकि मैं बीस साल तक अपनी आत्मा के अँधेरे में रहा। फिर से जब सोचना शुरू किया तो लगा कि यह सब कहानियों में तो बहुत सारे लोग कह रहे हैं रंजीत कपूर कहता था कि हिन्दी में नाटक के नाम पर केवल राजा रानी या आषाढ़ का पानी ही होता है। जब उसने 'कोर्ट मार्शल' पढ़ा तो चौंक गया। 'कोर्ट मार्शल' में लोगों को बहुत दिनों बाद तेज़ चाकू जैसी धार वाला सच मिला था। आज मुझे कहानी छोड़ने का दुख नहीं है।

'कोर्ट मार्शल' की बात चली है तो एक बात पूछना चाहता हूँ कि यदि कोई दलित लेखक इसे लिखता तो क्या उसका रवैया आपसे अलग न होता? इस नाटक में एक दलित सैनिक रामचन्दर के प्रति सेना में भेदभाव और अन्याय का मुद्दा उठाया गया है। उस वक़्त (1989) तो हिन्दी में दलित विमर्श की कोई ख़ास-चर्चा भी नहीं थी। मैं दो दृश्यों का उल्लेख करना चाहूँगा, एक ब्रिगेडियर सूरज सिंह दलित रामचन्दर को 'रेजिंग डे पार्टी' में आने का न्योता देता है जबकि रामचन्दर पर अपने अफ़सर को गोली मार कर हत्या करने का मुक़दमा चल रहा है। दूसरा, पार्टी में ब्रिगेडियर शराब का प्याला खाली कर रामचन्दर को पकड़ाता है। इन दृश्यों में दलितों के प्रति सोच में कोई बदलाव नहीं दिखाया गया है। ऐसा क्यों?

आप ठीक कहते हैं। दरअसल आलोचकों को यह पता ही नहीं चला कि 'कोर्ट

मार्शल' का असली खलनायक बी.डी. कपूर नहीं ब्रिगेडियर सूरज सिंह है जो सत्ता का प्रतिनिधि है। वह रामचन्दर को फाँसी की जगह उम्रकैद की भी सजा दे सकता था। यह बात इलाहाबाद में एक वकील परिवार के दस साल के बच्चे ने भी मुझसे पूछी कि ऐसी मनःस्थिति में हत्या करने की सजा उम्रकैद भी हो सकती है। मैं यह स्वीकार करता हूँ कि यह नाटक हालाँकि सच्ची घटना पर आधारित है पर मैंने कई जगह लेखक होने के नाते छूट ली है। हो सकता है कि कोई दलित लेखक इसे दूसरे तरीके से लिखता। पर मैं यह नहीं मानता कि दलितों पर केवल दलित ही लिख सकते हैं। लेखक किसी भी वर्ग के किसी भी हिस्से में मानसिक प्रवेश कर सकता है। केवल घिनौना वर्णन साहित्य नहीं होता। दलित अपने आन्दोलन को छोटा और कमज़ोर कर रहे हैं। मैं सेना में कभी नहीं रहा। सवाल यह है कि आप पूरा होमवर्क और शोध करते हैं या नहीं।

ठीक यही रवैया आपका स्त्रियों के साथ रहा है। आप अक्सर स्त्रियों का अपमान कर देते हैं और 'स्त्री-विमर्श' को ही खारिज करते हैं। ऐसा क्यों?

मैं औरतों का अपमान नहीं करता। जब मुझे लगता है कि वे गलत हैं तो मैं उन्हें टोकता हूँ। वे 'टोकने' का अनुवाद 'अपमान' कर लेती हैं। मैं साहित्य में औरत होने के कारण किसी को कोई छूट देने को तैयार नहीं हूँ। इसलिए मैं 'लेखिका' या 'स्त्री लेखक' शब्द का विरोधी हूँ। मेरे लिए औरत सुख का नहीं दुख का कारण है। औरत के शरीर ने मुझे कभी भी आतंकित या आकर्षित नहीं किया। इस बारे में मैं अपने लम्बे अनुभव के आधार पर कह सकता हूँ कि इनके पास लिखने की कला तो है पर बातचीत करने की कला नहीं है। हो सकता है कि मेरी धारणा के भीतरी कारण हों। उनका यह दुख अपनी जगह शायद सही हो कि स्वदेश दीपक उनके प्रशंसकों की क़तार में खड़े क्यों नहीं। मैं यह स्वीकार करता हूँ कि स्त्री लेखन को लेकर शायद मेरे भीतर कुछ बैरियर्स हैं। पर मुझे लगता है कि हिन्दी में स्त्री विमर्श सोच समझकर किया गया षड्यन्त्र है। जो भी स्त्री अच्छा लिखती है उसे यह कभी ज़रूरत ही नहीं महसूस हुई कि किसी सम्पादक का हाथ उसके सिर पर या कहीं और रहे। जैसे कृष्णा सोबती, मन्नू भंडारी, उषा प्रियंवदा, मृणाल पांडे आदि। साहित्य में 'लिंग' शब्द नहीं होना चाहिए। अचरज तो यह है कि नारी विमर्श पर अधिकतर अधेड़ पुरुष ही लिख रहे हैं। यह मान लेने पर कि औरतें अपनी लड़ाई खुद लड़ सकती हैं, क्या हमारा पौरुष छोटा पड़ जायेगा?

आप बताइए यदि मैं उनका जेंडर भूलकर उनसे संवाद करता हूँ, बराबरी का दर्जा देता हूँ तो उन्हें केवल औरत होने के कारण साहित्य में विशेष महत्त्व क्यों दूँ। वे अन्ततः अपनी सुन्दरता और शरीर से हावी होने की कोशिश करती हैं। मैंने बहुत कम औरतों में सोचने-समझने की गहराई देखी है। वे अक्सर सूचना को

विचार समझ लेती हैं। वे लिखने को जब कोई चीज़ पाने का हथियार बनाती हैं जिसमें सम्पादक का कहीं न कहीं हाथ फेरना भी शामिल है तो मुझे लगता है वे कमज़ोर पड़ रही है। इसके बावजूद मंजूर एहतेशाम मज़ाक़ करते हैं कि 'स्वदेश दीपक औरतों के प्रिय लेखक हैं।'

मुझे लगता है कि औरतों के प्रति आपकी यह धारणा किसी गहरे निजी अनुभव के कारण है या फिर आज जो स्त्री लेखन हो रहा है उसे आपने नहीं पढ़ा है। आप अपने दुखों का कारण औरत को क्यों मानते हैं?

आप कहते हैं तो मैं आज का स्त्री लेखन ज़रूर पढ़ूँगा। एक बात बताना चाहता हूँ। एम.ए. में पढ़ते हुए मेरा आब्सेशन तन्त्र था, काला और सफ़ेद दोनों। उस समय एक सुन्दर महिला को मैंने अपना गुरु बनाया था। मुझे झटके से यह सब छोड़ना पड़ा क्योंकि तन्त्र के स्थान पर मैं और मेरा शरीर उस महिला की रुचि बन गये। इससे मुझे भारी नुक़सान हुआ। वह प्रायः क्रियाओं के माध्यम से मुझे पढ़ाती थी। कई वर्षों बाद कलकत्ते में जब 'कोर्ट मार्शल' का शो हुआ तो एक महिला नाटक से इतनी प्रभावित हुई कि उसने मेरे साथ मांडू का किला देखने की इच्छा व्यक्त की। मैंने उसे डपटते हुए कहा कि क्या उसने मुझे पुरुष वेश्या समझ लिया है। इसके बाद कई जीवन प्रसंग हैं। लम्बा क़िस्सा है जो फिर कभी। मुझे लगता है कि कोई स्त्री हमेशा अशरीरी मेरे साथ रहती है। वही मेरी लम्बी बीमारी का कारण भी रही।

आपने कहा है कि आप 'अँधेरे के लेखक' हैं। इसकी कोई ख़ास वजह? आख़िर आप साहित्य सृजन को क्या मानते हैं? आपके लिए लिखने के क्या मायने हैं?

भारत-पाक विभाजन के बाद महज पाँच साल की उम्र में मैं विस्थापित होकर भारत आया। अम्बाला के पास राजपुरा में 'नयी तालीम सेंटर' नामक एक गाँधीवादी स्कूल में दाखिला मिला। वहाँ के एक शिक्षक आत्मप्रकाश ने दूसरी कक्षा में मुझे परियों की उस किताब ने बड़ा काम किया। फिर तो किताबें पढ़ना मेरे लिए अपने दुखों को भूलने का माध्यम बन गया। बाद में मुझे लग गया कि साहित्य दुखों का सामना करने की ताकत देता है। सन् 1958 में जब मैं केवल 16 वर्ष का था तो दो ट्रक डाइवरों पर मेरी एक कहानी 'सन्ता सिंह का बेटा बन्ता सिंह' ज्ञानोदय पत्रिका में छपी। तब मुझे पता भी नहीं था कि एक जीवनी से आइडेंटीफाई करता। 1969 में 'धर्मयुग' में जहाँगीर सबावाला का एक चित्र 'द राइडर' शीर्षक से छपा। मैंने उसे अपने सामने की दीवार पर चिपका दिया। उसे लगाकर देखता रहा। अचानक एक लम्बी कहानी 'अश्वारोही' लिख डाली जो 'सारिका' में ही किस्त में छपी। उस कहानी के छपते ही मेरे लिए कवि बायरन का वह प्रसिद्ध वाक्य सच हो गया। एक सुबह जब मैं सोकर उठा तो खुद को प्रसिद्ध पाया। उस कहानी पर बारह सौ खत आये। चूँकि मैं इतने सारे खतों का जवाब नहीं दे सकता था इसलिए उन्हें जला

दिया। उसके बाद 'धर्मयुग' में मेरी लम्बी कहानी 'अहेरी' छपी। अन्दर की दुनिया में यह मेरा पहला क़दम था। फिर 'मरा हुआ पक्षी' प्रकाशित हुई उसी वक़्त पहली बार राजेन्द्र यादव मिले तो उन्होंने अक्षर प्रकाशन से 'अश्वारोही' (1973) संकलन छापा और मुझे बाजाप्ता रायल्टी दी। वे तब भी लेखकों को पैसा न देने के लिए बदनाम थे। अम्बाला के एक लेखक ने रायल्टी के लिए राजेन्द्र यादव पर मुक़दमा किया हुआ था। उन्हें विश्वास ही नहीं हुआ कि राजेन्द्र यादव ने मुझे रायल्टी दी है। उन्होंने मेरे बेटे के जन्मदिन पर उसके सिर पर मेरा हाथ रखा और मुझसे कसम खाने को कहा। ख़ैर, उसके बाद मेरा लघु उपन्यास 'किसी एक पेड़ का नाम लो' एक ही किस्त में धर्मयुग में छपा। मैं इन सारी कहानियों में अपने अन्दर की काली दुनिया या 'एविल' से जूझ रहा था। मेरा विश्वास है कि आदमी जो कुछ करता या सोचता है उसका कंट्रोल रूम उसके भीतर का संसार है। इसीलिए मैंने उसे अपने लेखन का मुख्य विषय बनाया। हर दुराचरण मन की अँधेरी दुनिया से निकलता है। काली शक्तियों की पहचान ज़रूरी है। शर्म यह कि हर व्यक्ति दूध का धुला प्रचारित है। इस तरह मैं अँधेरे का लेखक बनकर रह गया। उजाले के बारे में लिखना मेरे वश में नहीं रहा। मन के भीतर का संसार चुनने के कारण मैं अँधेरे का जासूस बन गया। वहाँ की ख़बरें मैं कभी कहानी, कभी उपन्यास और अब नाटक में देता हूँ। मुझे यह भी लगा कि उजाले पर तो काफ़ी लोग लिख रहे हैं जबकि अँधेरे पर केवल मैं ही लिख रहा हूँ। आज समाज में जो कुछ बुरा हो रहा है वह केवल राजनीति के कारण नहीं बल्कि इस कारण भी है कि हमारे सत्ताधारी वर्ग के मन में बुरी शक्तियों और अँधेरे का प्रभाव लगातार बढ़ रहा है।

इसीलिए मेरे नाटक दरअसल मेरे कथ्य (काला संसार) का विस्तार हैं। मुझे काफ़ी देर से अहसास हुआ कि मंच मेरे लिए बेहतर माध्यम है। यह भी लगा कि बहुत सारे लेखक मिलकर लगातार एक ही कहानी लिख रहे हैं। उनमें शामिल होना मुझे स्वीकार नहीं है। मैं मानता हूँ कि लेखक का कच्चा माल उसका अनुभव क्षेत्र है। वह सीमित होता है। जो इससे बाहर जाकर लिखते हैं वे साहित्य नहीं राजनीति या और कुछ लिख रहे होते हैं। कई लोग कच्ची सूचनाओं को या ज्ञान और पांडित्य को अनुभव समझ लेते हैं।

आपकी यह 'अँधेरे और उजाले' की कैटेगरी मुझे वास्तविक नहीं लगती। आपने अपने लेखन में कुछ चीज़ों को जानबूझकर छोड़ दिया है। मसलन आप देश के विभाजन के बाद विस्थापित होकर भारत आये। वह एक बड़ा संक्रमण काल था। आप उस पूरे दौर की राजनीति पर एक बड़ा उपन्यास लिख सकते थे। पर आपने ऐसा कुछ नहीं लिखा। क्यों?

आप ठीक कह रहे हैं। राजेन्द्र यादव से यह बात तय हुई थी कि 'जलता हुआ

रथ' (1998) में सब लिखूँ। पर मैं लिख न सका। मुझमें आत्मविश्वास नहीं था कि इतने बड़े विषय को निभा पाऊँगा। राजेन्द्र यादव से इस विषय पर बीस साल से चर्चा होती रही है। अब नहीं लिख सकता। शायद बड़े कैनवास पर लिखने की सामर्थ्य चुक गयी है। वरना रामदरश मिश्र तो दिल्ली के एक मुहल्ले में बाढ़ आने पर पूरा उपन्यास लिख मारते हैं। मेरे साथ अक्सर ऐसा होता है कि वर्षों मेरी शक्तियाँ छिन जाती हैं। इसलिए मेरे लेखन में अन्तराल दिखता है। बड़ी रचना अन्तराल में नहीं लिखी जा सकती। वह कौन है जो मेरी शक्तियाँ छीन लेता है, पहचान नहीं सका हूँ। आजकल मुझे पता है कि वह अशरीरी मेरे साथ रहती है। एक तरीका है कि मैं उसका हाथ पकड़ूँ, उससे दोस्ती कर लूँ और लिखूँ। पर अहंकार कि स्वदेश दीपक हथियार कैसे डाल दे। इसलिए मैं सह रहा हूँ।

आपने देशी-विदेशी लेखकों को ख़ूब पढ़ा है। वे कौन से लेखक हैं जिन्होंने आपके लेखन पर असर डाला?

मैं स्वीकार करता हूँ कि मैंने समकालीन साहित्य बहुत कम पढ़ा है। अंग्रेज़ी का अध्यापक होने के नाते विदेशी साहित्य अधिक पढ़ा है। अमरीकी नाटककार युजीन-ओनील से मुझे एक त्रासद जीवन दृष्टि मिली। 'द लांग डेज जर्नी इन टू नाइट' पहला आत्मकथात्मक नाटक था। फ्रेंच लेखक फ्लावेयर की रचना 'मैडम बावेरी' से बहुत प्रभावित रहा। मेरी बहुत-सी प्रेम कहानियों में डी.एच. लारेंस की छाया मिलती है। उसका एक वाक्य मेरी चेतना पर अंकित है। लव अ कॉल ऑफ ब्लड फार ब्लड। टी.एस. इलियट का नाटक—ए मर्डर इन द कैथेड्रल आज भारत पर भी लागू होता है। उसकी यह पंक्ति मेरी गाइड बनी, कि 'अन्त में ही मेरी शुरुआत थी।' पर मुझे गहराई डब्ल्यू.बी. यीट्स में मिली। उसने अपने मकबरे के लिए खुद लिखा था—फर्स्ट अ कोल्ड आई आन लाइफ आन डेथ हार्समैन पास बाई; पिछले तीस साल से ये पंक्तियाँ मुझे लड़ने का साहस दे रही हैं। लेखक सुख-दुख से परे एक योद्धा ही तो होता है। मुझे हास्य-व्यंग्य पसन्द नहीं। जापानी नोबेल लारिएट यासुनरी कावावाता की रचना क्रेंस इन द मार्निंग मुझे हांट करती है।

सआदत हसन मण्टो मुझे कच्ची उम्र में भी अच्छा नहीं लगता था अब भी अच्छा नहीं लगता। उसकी जीवन दृष्टि में सिवाय रंडियों के कुछ भी नहीं। जैनेन्द्र अब भी मेरे सिर से गुज़र जाते हैं। प्रेमचन्द साधारण जीवन के साधारण लेखक हैं। वे बिना मतलब असाधारण बना दिये गये हैं। मोहन राकेश कलम का नहीं मीडिया का बनाया हुआ लेखक है। विनोद कुमार शुक्ल भी मुझे पसन्द नहीं हैं। रेणु की कहानियों ने ज़रूर मुझे गहरे प्रभावित किया है। राजेन्द्र यादव की शुरू की कहानियाँ ज़रूर अच्छी हैं।

'सबसे उदास कविता' (2000) के बाद अब क्या-क्या लिख रहे हैं?

मैंने तय कर लिया था कि अब कहानी नहीं लिखूँगा पर एक पात्र ने मेरा हाथ पकड़ लिया है। यह कहानी एक गन्ना बेचने वाले की है जो शहर में घूम-घूमकर गन्ना बेचते हैं। इसके अलावा दो नाटकों पर काम कर रहा हूँ। पहले नाटक का शीर्षक है—जजमेंट। मैं पहली बार औरत-मर्द के रिश्तों पर लिख रहा हूँ। यह एक कोर्ट प्ले होगा जिसमें एक पुरुष अपनी प्रेमिका के दो बच्चों की हत्या कर देता है। इसमें प्रेम के अर्थ भी तब्दील होंगे। दूसरा नाटक है—खंडन। इसमें तीन पीढ़ियों का टकराव है। तीनों पीढ़ियाँ एक-दूसरे के विचारों का लगातार खंडन करती हैं। इस नाटक का शायद यह नतीजा निकले कि जीवन मूल्य न इतनी जल्दी बदलते हैं न इतनी जल्दी कमज़ोर पड़ते हैं। एक नाटक लिखने में मुझे कम से कम एक साल तो चाहिए ही। मेरे पगलाए दिनों के संस्मरण लगभग पूरे हो गये हैं। किताब 'मैंने मांडू नहीं देखा' शीर्षक से आयेगी। यही प्रसंग मेरी निजी मानसिक त्रासदी का कारण बन गया था। इसी वजह से मैं सात साल अन्धी सुरंग में बैठा रहा।

राजेन्द्र यादव-1

दलित लेखकों को अपना दृष्टिकोण बदलना होगा

आपने कई वर्ष पहले अपनी पत्रिका 'हंस' को हिन्दी साहित्य में दलित चेतना की अभिव्यक्ति का मंच बनाया था। आपके अनुभव कैसे रहे?

आज से करीब पन्द्रह साल पहले जब हमने दलित और स्त्री लेखन पर ध्यान देना शुरू किया था तो हमें सिर्फ़ एक बात मालूम थी कि दलित और स्त्री ही भविष्य की शक्तियाँ हैं। इसका कारण यह था कि इन्हीं को हिन्दी समाज में सदियों से दमन, शोषण और उपेक्षा का शिकार होना पड़ा था। हमें विश्वास था कि जब ये शक्तियाँ उभरेंगी तो सृजन की एक ख़ास ऊर्जा पैदा होगी। यह कुछ-कुछ 'स्नोबालिंग' जैसा है कि बर्फ़ का एक छोटा टुकड़ा जब लुढ़कता है तो धीरे-धीरे वह विशाल गेंद में बदल जाता है। मुझे खुशी है कि हम अपने उद्देश्य में कामयाब रहे। आज हर पत्रिका और संस्था के लिए यह ज़रूरी हो गया है कि अपनी बहसों और विमर्श में स्त्री और दलित की बात करें। यहाँ मैं एक बात साफ़ कर दूँ कि मैं बिल्कुल नहीं मानता कि इसमें 'हंस' का बहुत बड़ा योगदान है। उन उभरती हुई शक्तियों को सामने लाने का 'हंस' केवल निमित्त बना। यह तो हमेशा होता रहा है कि हर उभरती हुई प्रतिभा के बारे में पहले चुप्पी फिर उपेक्षा देखने को मिलती है—उसका मज़ाक़ उड़ाया जाता है और अन्ततः उसे स्वीकार करने की मजबूरी होती है। हिन्दी में स्त्री और दलित विमर्श भी इन्हीं स्थितियों से गुज़रा है। स्नोब विश्वविद्यालयों और दूसरी जगहों पर स्त्री एवं दलित विमर्श का मज़ाक़ उड़ाया गया। स्त्री और दलित साहित्य की गुणवत्ता पर सवाल खड़े करने वाले विद्वान देश में हर जगह मिल जायेंगे पर वे यह ज़रूर महसूस कर रहे हैं कि साहित्य के प्रति उन्हें अपने संस्कार, रुचियों और समीक्षा के मानदंडों को आज या कल बदलना होगा। वे भी जानते हैं कि स्त्री और दलित विमर्श को वे लम्बे समय तक अनदेखा नहीं कर पायेंगे।

लेकिन क्या यह सच नहीं है कि स्त्री लेखन के मुक़ाबले रचनात्मक स्तर पर हिन्दी में दलित लेखन ने हमें निराश किया है?

हाँ, आप ठीक कह रहे हैं। एक ओर तो 'हमें' खुशी है कि जिसे हमने शुरू किया वह आज हमारे बौद्धिक विमर्श के केन्द्र में है। पर दूसरी ओर यह भी सच है

कि स्त्री लेखन के मुक़ाबले दलित लेखन ने बड़े पैमाने पर निराश किया है क्योंकि वह वैचारिक बहसों में ज़्यादा पड़ गया और रचनात्मक लेखन उस अनुपात में नहीं हुआ। हिन्दी में अभी भी दलित उपन्यास एवं दलित कहानियों की प्रतीक्षा है। कुछ लेखकों ने आत्मकथाएँ भी लिखने का प्रयास किया है पर कुल मिलाकर दो-तीन आत्मकथाएँ ही ठीक-ठाक बन सकी हैं। पर बहसें इतनी धुआँधार हैं कि रचनात्मक लेखन धुँधला गया है। रचनात्मक साहित्य के लिए दलित लेखकों को बार-बार मराठी की तरफ़ देखना पड़ता है। हिन्दी में दलित लेखन की तुलना में स्त्री लेखन ज़्यादा सशक्त और ऊर्जावान है तथा ज़्यादा आक्रामक ढंग से सामने आया है। इस समय हिन्दी में एक दर्जन महत्त्वपूर्ण महिला कथाकार सक्रिय हैं।

हिन्दी में दलित साहित्य की कोई ख़ास परम्परा दिखाई नहीं देती जैसा कि हम मराठी में पाते हैं। क्या यही वजह है कि जिस कारण हिन्दी में सशक्त दलित साहित्य विकसित नहीं हो पाया?

हिन्दी में दलित साहित्य की कमज़ोरी की एक ख़ास वजह यही है कि उसकी कोई परम्परा यहाँ नहीं है। इसके लिए दलित लेखकों को बार-बार कबीर, रैदास और भक्ति आन्दोलन के कवियों की ओर देखना पड़ता है। गद्य में दलितों पर लिखे गये नये-पुराने सवर्ण साहित्य को वे अपनी परम्परा में नहीं मानते। प्रेमचन्द, निराला से लेकर जगदीश चन्द्र, मदन दीक्षित और तेजिन्दर तक को वे खारिज कर रहे हैं। मुझे लगता है कि उन्हें अपना दृष्टिकोण बदलना होगा।

क्या कारण है कि हिन्दी में दलित साहित्य की सशक्त परम्परा नहीं बन सकी?

मराठी में दलित साहित्य वहाँ के सामाजिक सुधार आन्दोलनों से विकसित हुआ जबकि हिन्दी में ऐसा कोई बड़ा और परिवर्तनकारी सामाजिक आन्दोलन नहीं हुआ। यहाँ कांशीराम-मायावती के नेतृत्व में दलित राजनीति की शुरुआत एक आन्दोलन के रूप में ज़रूर हुई है। राजनीति को रचना का रूप लेने के जिस प्रक्रिया से गुज़रना होता है वह अवकाश हमारे दलित साहित्य को नहीं मिला। हिन्दी ही नहीं बांग्ला में भी दलित साहित्य जैसी चीज़ नहीं है। इसका कारण यह है कि 19वीं सदी का नवजागरण यहाँ एकांतिक सवर्ण संवाद होकर रह गया। उनके एजेंडा में दलित और स्त्री-विमर्श छुआछूत और विधवा विवाह से आगे चिन्ता की चीज़ नहीं बना। जबकि महाराष्ट्र में ज्योतिबा फुले ने जो वैचारिक दृष्टि दी तथा अम्बेडकर ने जो वैज्ञानिक आधार दिया वह हिन्दी क्षेत्रों में सिरे से ग़ायब थी। इस बात की गहन पड़ताल की जानी चाहिए कि हिन्दी क्षेत्रों में वह नवजागरण क्यों ठहर गया। आज चूँकि उत्तर भारत की दलित राजनीति स्वयं एक भटकाव, विचलन और सत्ता की सौदेबाजी में उलझकर रह गयी है, इसलिए साहित्यकारों के सामने भी दलित चेतना यहाँ एक सुसंगठित विचारधारा के रूप में उभरकर सामने नहीं आ पाती।

दलित साहित्य के प्रति वामपन्थी लेखकों और संगठनों का रवैया भी प्रायः पॉजिटिव नहीं रहा। ऐसा क्यों?

मार्क्सवाद दलित चेतना को भारत में एक बड़ा वैचारिक आधार दे सकता था लेकिन वामपन्थियों की किताबी समझ दलितों को 'वर्ग' से बाहर या अलग नहीं देख पाती थी। यहाँ भी वे वही किताबी गलती कर रहे थे—जैसा उन्होंने यह मानने में किया कि मज़दूर वर्ग ही क्रान्तिकारी चेतना का सबसे बड़ा संवाहक होता है। सच्चाई ठीक इसके विपरीत है क्योंकि भारत में चूँकि औद्योगिक क्रान्ति हुई ही नहीं कि मज़दूर यूनियन निर्णायक स्थिति में आ जाये। भारत में तो चीन की तरह किसान वर्ग निर्णायक स्थिति में है। मुझे याद नहीं कि नक्सलवादी आन्दोलन के पहले वामपन्थियों ने कभी किसानों की समस्या को मुख्य एजेंडा बनाया हो। चूँकि बिहार और आन्ध्र प्रदेश में यह समस्या विकट रूप में है इसलिए वहाँ नक्सली एक शक्तिशाली जमात के रूप में आ गये हैं। हिन्दी क्षेत्रों में तो 'वर्ग' से पहले जाति की समस्या हल करनी होगी। इस सच्चाई को वामपन्थियों ने दो साल पहले केरल सम्मेलन में स्वीकार किया। पहले वे केवल आर्थिक आधार पर बने वर्गों को ही मानते रहे। बदलते समाज में वर्ण उनकी चिन्ता का विषय नहीं रहा क्योंकि अधिकतर वामपन्थी स्वयं सवर्ण मध्यवर्गीय लोग थे। यदि उन लोगों ने इन सब बातों पर ध्यान दिया होता तो सारा वामपन्थी आन्दोलन पश्चिम बंगाल और केरल तक ही सीमित न हुआ होता। यही सब कारण है जिसके चलते दलित साहित्य को मार्क्सवाद का वैचारिक और वैज्ञानिक आधार नहीं मिल पाया। हालाँकि मैं मानता हूँ कि भारतीय समाज को लेकर अम्बेडकर की तत्त्ववेधी दृष्टि उनकी मार्क्सवादी समझ का परिणाम है।

स्त्री और दलित विमर्श के राजनीतिक सरोकारों से एक विचित्र विरोधाभासी सम्बन्ध बना है। हिन्दी क्षेत्रों में जितनी प्रभावशाली दलित राजनीति है उतना असरदार दलित साहित्य नहीं है। उसी प्रकार जितना असरदार स्त्री साहित्य है, उतनी प्रभावशाली स्त्री राजनीति नहीं है। ऐसा क्यों?

यह सच है कि उत्तर भारत में दलित राजनीति जितनी प्रभावशाली होकर उभरी उतना दलित साहित्य नहीं। इसके विपरीत स्त्री लेखन जितना समर्थ रहा उतनी स्त्री राजनीति नहीं। इसका एक कारण यह है कि स्त्री समाज की बुनावट में नीचे से ऊपर तक गुँथी हुई है। स्त्री होने की यातना और नियति विभिन्न वर्णों और वर्गों की स्त्रियों को एक करती है। दूसरी तरफ़ दलित हिन्दू समाज की वर्ण व्यवस्था के बाहर हैं। वे मुसलमान की तरह समाज की एक अलग इकाई हैं। इसलिए जितनी आसानी से दलित सत्ता की राजनीति में अपने दाँव-पेंच चला सकते हैं, स्त्रियाँ नहीं। स्त्रियाँ समाज सुधार के आन्दोलनों की माँग के आधार पर ही अपना कोई भविष्य

देखती हैं। स्त्री मर्दवादी मनोविज्ञान के ख़िलाफ़ अपनी स्वतन्त्रता की आकांक्षा करती है। दलित इस मामले में दोहरे दमन के शिकार हैं। वर्चस्ववादी सवर्ण समाज में न उनके लिए कोई अवसर है न सम्मान। उन्हें भागकर चाहे-अनचाहे सत्ता में ही मुक्ति दिखाई देती है। इसीलिए दलितों की प्राथमिकता विचार या आन्दोलन की नहीं, सिर्फ़ सत्ता में हिस्सा माँगने की है। उनका सरलीकृत भोला विश्वास यही है कि हाथ में सत्ता रहेगी तो सवर्णों को झख मारकर उन्हें अवसर और सम्मान देना पड़ेगा। यह शुद्ध रूप से सत्ता छीनने का खेल है। इसमें न तो कहीं व्यवस्था बदलने की बात आती है न मानसिकता। सत्ता की ओर से जब चीज़ें जबरदस्ती लादी या थोपी जाती हैं तो उनमें प्रतिरोध जागता है। वे प्रतीक्षा करते हैं और इस कोशिश में रहते हैं कि कब यह दमनकारी सत्ता बदले और कब अपने पुराने हिसाब चुकाएँ। खेल ख़तरनाक है। सवर्णों का कोई भी दाँव दलितों को कभी भी धूल चटा सकता है। सत्ता में रहते हुए दलित राजनेताओं को चाहिए कि वे सामाजिक आन्दोलन, शिक्षा और सुरक्षा को वही रूप दें जो पश्चिम बंगाल में वामपन्थियों ने गाँव-गाँव में दिया है जिसके कारण पिछले पच्चीस वर्षों से उन्हें कोई हिला नहीं पाया। क्या ऐसा आधार उत्तर प्रदेश में दलित नेता दे पाये हैं? चूँकि हिन्दी में दलित साहित्य दलित राजनीति के उभार से ही आया है, इसलिए राजनीति के इन दाँव-पेंचों में साहित्य कन्फ़्यूज्ड है। दलित साहित्य की सारी लड़कियाँ अपने से बाहर और 'सवर्ण' नाम के दुश्मन के ख़िलाफ़ हैं इसलिए वहाँ अपनी यातनाओं को बढ़ा-चढ़ाकर कहने की प्रवृत्ति तो है ही, उन्हें आरोप के रूप में पेश करने का आग्रह भी है। यह सही है कि दलितों की दयनीय स्थिति के लिए दमनकारी सवर्ण सत्ता ही ज़िम्मेदार है। पर उस मानसिकता का हिस्सा बन चुकी है। हर जगह वह उसी कुण्ठा का शिकार कि अपनी उपस्थिति या स्पर्श से वह कोई ऐसा पाप और अपराध कर रहा है जिसके लिए उसे नरक में जाना पड़ेगा। दलितों की सबसे बड़ी बीमारी जन्मान्तर और वर्ण व्यवस्था से पैदा होने वाली कुण्ठाएँ हैं। यह लड़ाई दलितों को अपने बाहर से अधिक अपने भीतर लड़नी होगी, तभी वह आत्मसम्मान और विश्वास प्राप्त कर सकेगा। साहित्य वैसे भी सामाजिक परिवेश की व्यक्तिगत अभिव्यक्ति है। इस 'व्यक्ति' को ही आधार बनाकर दलित साहित्यकार सशक्त रचनाएँ दे सकता है। अभी तो वह दलित और सवर्ण मानसिकताओं एवं जीवन पद्धतियों की प्रवृत्तियों को ही व्यक्ति की जगह रखकर देखता है। दलित लेखकों को ध्यान रखना चाहिए कि 'प्रवृत्ति' 'व्यक्ति' नहीं होती। हाँ, 'व्यक्ति' में प्रवृत्ति समाहित ज़रूर होती है।

एक बड़े विवाद का मुद्दा यह बन गया है कि दलित साहित्य केवल दलित ही लिख सकता है। आप क्या सोचते हैं?

मैं समझता हूँ कि दलित साहित्यकारों को इस प्रश्न से बिल्कुल नहीं उलझना

चाहिए कि दलित साहित्य सिर्फ़ दलित लिख सकता है, क्योंकि यह व्यर्थ के विवाद में अपने को उलझा देना है। सवर्ण साहित्यकारों का एक दल है जो आग्रहपूर्वक बताता है कि उनका लेखन दलित साहित्य है जबकि दलित लेखकों की बड़ी ऊर्जा इस बात में ख़र्च हो जाती है कि यह वास्तविक दलित लेखन नहीं है। मुझे लगता है कि दलित साहित्यकार तर्कों से कभी इस बात को नहीं सिद्ध कर पायेंगे कि किसका लेखन सच्चा दलित लेखन है। इसका जवाब उन्हें ज़्यादा अच्छी सशक्त और ज़िन्दा रचनाएँ देकर ही दिया जा सकता है जो स्त्री लेखन कर रहा है। वैसे भी साहित्य एक ऐसा लोकतन्त्र है जहाँ हरेक को अपनी बात कहने और लिखने की आज़ादी है। जो गैर-दलित लेखक 'दलित साहित्य' लिख रहे हैं उन्हें आप न तो रोक पायेंगे न ही रोकना चाहिए। उन्हें वर्णवाद के कठघरे में खड़ा करने से कुछ नहीं होगा क्योंकि अन्ततः बात इस पर आ जायेगी कि आपकी अपनी उपलब्धियाँ क्या हैं। वहाँ न तो मराठी दलित लेखन आपकी मदद करेगा न नीग्रो लेखन। हिन्दी में ख़तरा इस बात का भी पैदा हो गया है कि सशक्त साहित्य देने की हड़बड़ी में हमारे दलित साहित्यकार कहीं मराठी और नीग्रो लेखकों की नकल न करने लगें। स्त्री एवं दलित साहित्य की सबसे बड़ी शक्ति और भविष्य यही है कि वह भाषा एवं प्रान्त के पार जाकर सह अनुभूति का दावा कर सकते हैं। ये दोनों आन्दोलन इस अर्थ में अखिल भारतीय हैं और यही विशेषता इन्हें देशव्यापी स्वीकृति देती है।

(उत्तर प्रदेश : अक्तूबर-दिसम्बर, 2002)

राजेन्द्र यादव-2

आलोचकगण 'नारी तुम केवल श्रद्धा हो' के मारे हैं

'राष्ट्रीय सहारा' (11 जून के अंक) में प्रकाशित साक्षात्कार में प्रो. मैनेजर पांडेय ने कहा है कि आप हिन्दी आलोचना की परम्परा को ठीक से नहीं जानते। आपकी क्या प्रतिक्रिया है?

प्रो. मैनेजर पांडेय का वक्तव्य एक आत्मसन्तुष्ट प्राध्यापकीय वक्तव्य है। अगर उनका ही मुहावरा लें तो जानना चाहूँगा कि क्या कबीर ने जवाहरलाल नेहरू विश्वविद्यालय में प्राध्यापकी करने के बाद अपनी काव्य रचना शुरू की थी? पांडे जी जैसे लोगों के साथ दिक्कत यह है कि ये किसी से बराबरी का रिश्ता नहीं रख सकते। इनके लिए सारी सृष्टि उनकी विद्यार्थी है और उन विद्यार्थियों को किसी चीज़ का ज्ञान नहीं है। मतभेद बर्दाश्त कर सकना इन प्राध्यापकों के ख़ून में ही नहीं है। ये लगभग गालियाँ देने लगते हैं। मैं उस पुराने ज्ञान-विज्ञान को व्यर्थ मानता हूँ जिसकी आज के समय कोई सार्थकता या प्रासंगिकता न हो। आर्यभट्टों और विश्वकर्माओं के ऐसे ज्ञान का मैं क्या करूँ जो आज के किसी यांत्रिकी को समझने की कोई दृष्टि नहीं देता। पांडे जी ने ठीक ही कहा है कि आलोचना एक स्वतन्त्र कर्म है। लेकिन क्या कभी उन्होंने किसी आधुनिक रचना का उस लगाव और गहराई से विश्लेषण किया है जैसे कभी मीरा और महादेवी का किया था। वस्तुतः सैद्धान्तिक आलोचना समकालीनता से अपने मन्दिर की पवित्रता एवं शुद्धता को बचाये रखने की रणनीति है। मुझे शक है कि पांडे जी के कुछ समकालीन कवियों को छोड़कर आधुनिक साहित्य के बारे में कभी कुछ जानने की कोशिश की है। यहाँ भी पांडे जी उसी पुराणप्रिय कुंठा के शिकार हैं, जहाँ कविता ही साहित्य है, का नारा दिया जाता है।

पांडे जी ने नामवर सिंह से भी अपनी असहमति जताते हुए कहा है कि उन्होंने हिन्दी आलोचना को समकालीनता तक सीमित कर दिया है। आपकी क्या राय है?

मैं भी मानता हूँ कि जो आलोचक सिर्फ़ प्रवचन तक ही अपने को सीमित रखता है वह समय और अवसर के हिसाब से अपने को ढाल लेता है। वहाँ दूर तक गहराई में जाने की गुंज़ाइश कम होती है। मगर मैं स्वयं पांडे जी से ही पूछना चाहूँगा कि

क्या उन्होंने किसी एक 'थीम' या विचार पर क्या कोई ऐसी किताब लिखी है जिसमें विचार के सारे पक्षों का गहराई से विश्लेषण किया गया हो। जैसे लायनोल लिंग की 'सिंसिएरिटी एंड ऑथेंसिटी' है। मरे हुए कवियों पर हर प्राध्यापक ने समीक्षाएँ लिखी हैं। अन्तर सिर्फ़ यह है कि प्रभाकर श्रोत्रिय, नन्द किशोर नवल जैसे लोग ज़्यादा यथास्थितिवादी हैं और पांडे जी नये ढंग से विचार करने की कोशिश करते हैं। मैनेजर पांडेय के हर समीक्षात्मक लेख में विदेशी विद्वानों के उद्धरणों एवं नामों को देखकर यह आतंक ज़रूर मन में बैठाया है कि ये भयंकर अध्येता हैं। मगर आज भी क्या उनके किसी विचार या सिद्धान्त को उनके नाम से जाना जा सकता है? जैसे विजयदेव नारायण साही ने जायसी और कबीर पर दिया, मुक्तिबोध ने 'कामायनी' पर दिया। 'साहित्य का समाजशस्त्र' एक ऐसा विषय ज़रूर है जिस पर उन्होंने बाकायदा अनुशासन के साथ अपनी स्थापना दी है, मगर यदि गर्वोक्ति न लगे तो कहना चाहूँगा कि चालीस साल पहले, उनके शब्दों में, 'बिना कुछ पढ़े-लिखे मैंने 'चन्द्रकान्ता सन्तति' पर जो विश्लेषण दिया था क्या उसके बाद उसी पुरानी परिपाटी वाली आलोचना करना सम्भव था?' पांडे जी ने आचार्य रामचन्द्र शुक्ल को आदर्श आलोचक बताया है। क्या शुक्ल जी ने अपनी किताब में तुलसी और जायसी पर ही लिखा है? उन्होंने तो अपने समकालीन पन्त और छायावाद का विशुद्ध विश्लेषण भी किया है। उसे भी पांडे जी समकालीन का प्रदूषण मानेंगे?

पांडे जी ने यह भी कहा है कि आप अतिरंजना और सरलीकरण से उत्तेजना फैलाते हैं?

क्या मैनेजर पांडेय यह मानते हैं कि असंप्रेषणीयता ही वैचारिक गहराई की एकमात्र कसौटी है? पांडे जी को अपने विद्यार्थियों या साथी प्राध्यापकों को सम्बोधित करते हुए अपना गहन गम्भीर विश्लेषण देना होता है। मेरे सामने हज़ारों आम पाठक होते हैं जो ज़ाहिर है हिन्दी विभागों के छात्र ही नहीं हैं। मैंने कभी नहीं कहा कि मैं गम्भीर सैद्धान्तिक विश्लेषण करने का अधिकारी हूँ। अगर जो कुछ स्थापित और स्वीकृत है उसे लेकर यदि एक प्रश्नाकुलता पाठकों में पैदा होती है तो इससे अधिक मुझे कुछ नहीं चाहिए। सच्चे बौद्धिक के लिए कोई भी चीज़ परम-पवित्र (सेक्रोसेंट) नहीं होती। उसे हर पूज्य, पवित्र का निर्मम विश्लेषण करना होता है। पांडे जी जैसे लोगों को हर पुराना पवित्र और रक्षणीय लगता है और कोई न कोई तर्क देकर वे उसे उपयोगी और प्रासंगिक सिद्ध किये रखना चाहते हैं।

आपके और 'हंस' द्वारा चलाये जा रहे स्त्री विमर्श पर बहुत लोगों को गम्भीर आपत्तियाँ हैं जिनमें नामवर सिंह और निर्मला जैन जैसे बड़े आलोचक शामिल हैं। मैनेजर पांडेय ने तो यहाँ तक कहा है कि आपको स्त्री विमर्श की भारतीय परम्परा का ज्ञान नहीं है, क्या कहेंगे आप?

मैंने यह कब कहा कि आज के स्त्री विमर्श को समझने के लिए भारत की सामाजिक, आर्थिक और विशेष रूप से धार्मिक स्थितियों को समझने की ज़रूरत नहीं है? ऐसा भी नहीं है कि महादेवी वर्मा की किताब 'शृखला की कड़ियाँ' की एक ही प्रति छपी थी जो पांडे जी के पास है। मैं यह मानता हूँ कि आर्यसमाजी और क्विटोरियन नैतिकता में साँस लेने वाले बुद्धिजीवी आज के स्त्री विमर्श को बिल्कुल नहीं समझ सकते। प्रो. नामवर सिंह और प्रो. निर्मला जैन स्त्री को केवल ऊर्वांग (ऊपर के अंग) में आधा ही देखना चाहते हैं। सर्वांग और सम्पूर्ण स्त्री को एक व्यक्ति के रूप में स्वीकार करने को तो लोग कतई तैयार नहीं हैं। मैनेजर पांडेय, नामवर सिंह, निर्मला जैन और इन जैसे लोग 'नारी तुम केवल श्रद्धा हो' के मारे हैं। उनका आरोप है कि हम अगर सम्पूर्ण स्त्री की बात करेंगे तो स्त्री की देह की भी बात करनी होगी। उनके हिसाब से स्त्री सिर्फ़ एक भावना है, देह नहीं है।

आज के बाज़ार में स्त्री देह की जो छीछालेदर हो रही है, वह हमारे सामने है। मगर क्या ये लोग बता पायेंगे कि पति एवं ससुर के चरण छूने वाली, करवाचौथ तथाकथित 'भारतीय स्त्री' का उपयोग बाज़ार ने क्या कम किया है? करोड़ों-अरबों की वैष्णोदेवियाँ स्त्री के व्यक्तित्व को कुचलकर क्या उसके साथ न्याय कर रही हैं? अगर यह बेज़ुबान स्त्री न हो तो सारा भारतीय फ़िल्म उद्योग भरभरा कर ढह जायेगा और अरबों कमाने वाली 'हम आपके हैं कौन' जैसी फ़िल्में अगले दिन ही डिब्बे में बन्द हो जायेगी। बाज़ार इन देहवादी स्त्री के मुक़ाबले 'चरण छू' भारतीय नारी को ज़्यादा बेशर्मी से बेच रहा है। असली धन्धा तो यही है। बाकी पर तो दुनिया भर के सेंसर और बीजेपी छाप प्रतिबन्धों का सिलसिला। जहाँ तक स्त्री विमर्श की परम्परा और दर्शन समझने का सवाल है, मैं उसे किसी भी विमर्श के लिए ज़रूरी नहीं समझता क्योंकि यह सब सवर्ण ब्राह्मणवादियों का वह हथकंडा है, जिससे वे स्त्री और दलित दोनों को मुख्यधारा से बाहर रखना चाहते हैं।

श्रीलाल शुक्ल

लेखक स्वप्न नहीं बेचता

आपका उपन्यास 'राग दरबारी' हिन्दी साहित्य में मील का पत्थर साबित हुआ। इसे लिखे हुए लगभग 35-40 साल हो गये। 'राग दरबारी' का समय और आज के यथार्थ में आपको कैसा बदलाव नज़र आता है।

सबसे बड़ा बदलाव तो मात्रा का है। उदाहरण के लिए 'राग दरबारी' में एक गाँव का नेता सहकारी संस्था के लिए अध्यक्ष पद पर अपनी जगह अपने एक बेटे को बैठा देता है या जिस कॉलेज का वह संस्थापक और मैनेजर है उसकी मैनेजरी के लिए अपने छोटे बेटे को अस्वीकार कर देता है और ऐसा तेवर दिखाता है जैसे यह पद उसके परिवार के उत्तराधिकारियों के लिए ही सुरक्षित है। सार्वजनिक संस्था के पदों पर उन दिनों वंशवाद इतना हावी नहीं था। तभी इन पदों को लेकर मुझे वैद्य जी का रुख विसंगतिपूर्ण लगा था और लेखकीय व्यंग्य का निशाना बन गया था। बाद में हमने देखा कि खुद पंडित जवाहरलाल नेहरू के वंश में वंशवाद पनपा और आज इसका कुत्सित रूप हमें बिहार, कश्मीर और अन्य राज्यों में दिखाई देता है।

इस वंशवाद को देखते हुए 'रागदरबारी' में छोटी-छोटी जगहों के लिए बढ़ते वंशवाद पर मेरी टिप्पणियाँ लगभग दयनीय सी लगती हैं। 'राग दरबारी' में भ्रष्टाचार और ग़बन के मामले में शिक्षण और सहकारी संस्थाओं की जिन स्थितियों पर आक्षेप किया गया है। उनके मुक़ाबले आज के अरबों रुपयों वाले उन घोटालों पर निगाह डालिये जो केन्द्र और कई राज्य सरकारों पर कालिख की तरह चमक रहे हैं। 'राग दरबारी' की पुलिस कुछ हद तक निकम्मी है और छोटे-छोटे मामलों में घपला करती है। आज के भयानक आपराधिक वातावरण में पुलिस तब की अपेक्षा अधिक हिंसक और बर्बर है। ऐसे कई उदाहरणों से आज की नयी पीढ़ी का पाठक हो सकता है 'राग दरबारी' को पढ़कर यह धारणा बनाये कि इसमें मामूली किस्म के घपलों को लेकर लेखक ने कुछ ज़्यादा ही बखेड़ा पैदा कर दिया है 'मच एडो अबाउट नथिंग' जैसा कुछ उसे लग सकता है। इस सबको देखते हुए 'राग दरबारी' के पक्ष में आप ही कह सकते हैं कि आज भ्रष्टाचार, मूल्यहीनता, अनैतिकता और अपराध का जो भयावह स्तर हमारे सामने है उन सबको कम से कम बीज रूप में तो इस उपन्यास में शामिल किया ही गया है।

क्या आपको नहीं लगता कि 'राग दरबारी' की अत्यधिक लोकप्रियता के कारण आपके अन्य उपन्यासों की कम चर्चा हुई और आपको 'राग दरबारी' के लेखक के तौर पर ही सबसे अधिक जाना गया जबकि आपने इसके बाद भी कई महत्त्वपूर्ण रचनाएँ लिखीं?

यह प्रायः हर अच्छे लेखक या कवि के साथ हो सकता है कि उसकी अन्य कृतियों के मुक़ाबले कोई एक कृति विशेष रूप से चर्चित हो जाये। ख़ासतौर से ऐसा उन समाजों में होता है, जहाँ साहित्यिक रचनाएँ पढ़ने की व्यापक परम्परा नहीं होती है। हिन्दी समाज में ऐसा ही है। तभी हम आज भी हरिवंशराय बच्चन की पहचान, 'मधुशाला' से या भगवतीचरण शर्मा की पहचान 'चित्रलेखा' से करते हैं, जबकि इन रचनाओं की कई परवर्ती कृतियाँ इनसे भी ज़्यादा महत्त्वपूर्ण हैं। 'राग दरबारी' के साथ भी ऐसा ही हुआ है और ऐसा इस कारण से भी है कि अपने शिल्प, शैली और समग्रता में यह रचना मेरे दूसरे उपन्यासों से काफ़ी अलग और कुछ हद तक अनूठी है। पर यदि मैं इसी कारण अपने आगे के लेखन में 'राग दरबारी' से बँध जाता, अपने ही लेखन की नकल करने लगता और अपनी सर्जनात्मक सम्भावनाओं की तलाश छोड़ देता तो शायद यह मेरा स्वयं अपने प्रति और लेखकों-पाठकों के प्रति भी घोर अनाचार होता।

आपने कैरियर के रूप में सिविल-सर्विसेज को चुन लिया था और आप विभिन्न प्रशासनिक पदों पर रहे भी। फिर लेखन की ओर कैसे प्रवृत्त हुए। लेखन के लिए आपने यह 'स्पेस' कैसे बनाया? आपके लिए लेखन के मायने क्या रहे?

यह सही है कि मेरी पढ़ाई बी.ए. के बाद अचानक समाप्त हो गयी। मैं आगे नहीं पढ़ सका। अधूरी पढ़ाई छोड़कर उन स्थितियों में जो सबसे अच्छी नौकरी हो सकती थी उत्तर प्रदेश सिविल सर्विसेज की, वह मिल चुकी थी। नौकरी से संगति बिठाना मेरे लिए एक बड़ी समस्या थी। पारिवारिक समस्याएँ भी अच्छी-ख़ासी थीं। 22-23 साल की उम्र में ही शादी और जल्दी-जल्दी दो बच्चे हो चुके थे। इस जीवन में पढ़ने-लिखने की सुविधा नहीं थी, कोई प्रोत्साहन नहीं था। मेरे लिए बहुत लाजिमी था कि आत्मप्रकाशन के लिए मैं एक निजी स्पेस का निर्माण करूँ। साहित्य सृजन और पठन-पाठन के संस्कार मुझे पारिवारिक परम्परा से मिले थे। इलाहाबाद विश्वविद्यालय के मेरे कई साथी तब तक नयी पीढ़ी के स्थापित लेखक बन चुके थे। जैसे धर्मवीर भारती, विजयदेव नारायण साही, सर्वेश्वर दयाल सक्सेना। स्वाभाविक था कि मैं साहित्य सृजन की ओर उन्मुख होता। मेरे लिए साहित्य लिखना निजी स्वतन्त्रता का क्षेत्र था और आज भी है। उसी रूप में लेखन मेरे लिए आज भी मूल्यवान है।

जब आप सामाजिक परम्पराओं को निभाते हुए सामान्य गृहस्थ का जीवन जीते हैं तो इसका जो सुख है वहीं दूसरे स्तर पर दुख भी है, क्योंकि आपको कई पारिवारिक और सामाजिक दबाव भी सहना पड़ता है। कई तरह के दायित्व निभाने

होते हैं। यदि आप संवेदनशील हैं तो चारों ओर से इन दबावों और आदमियों से घिरे होने के बावजूद आपको अपना एक ऐसा निजी कोना तलाशना पड़ता है, जहाँ आप इनसे पलायन कर सकें। लेखन मेरा निजी स्पेस है जहाँ एक स्वच्छन्दता है और जहाँ हर चीज़ वैकल्पिक है, जहाँ मेरा कोई बॉस नहीं है। यहाँ कुछ लिखकर जो अनुभव मुझे मिला वह सरकारी फ़ाइलों पर टिप्पणी करके नहीं मिल सकता था।

इस क्रम में आपकी जीवन दृष्टि क्या बनी? आपसे पूछा जाये कि आप क्यों लिखते हैं या फिर आपकी रचना प्रक्रिया क्या है?

कुछ शब्दों में इसे परिभाषित करना मुश्किल है। मेरी कोशिश रही कि मेरी जीवन दृष्टि मेरे लेखन से ही पहचानी जाये। लेखन से अलग विचारधारात्मक रूप से अपनी जीवन दृष्टि को बताने की कोशिश सार्थक नहीं होती। इसमें कई अन्तर्विरोध भी हो सकते हैं। मसलन मेरी सहानुभूति वामपन्थी विचारधारा के प्रति है पर मैं धार्मिक कर्मकांडों में विश्वास करने वाला पारम्परिक व्यक्ति हूँ। इस बात को मैंने कभी नहीं छिपाया। जिस तरह मेरा लेखन शुरू हुआ उसमें वैचारिक प्रतिबद्धता की कोई गुंज़ाइश नहीं थी। बाद में मुझे लगा कि भारतीय परिस्थितियों में जो शोषण और संकट की परिस्थितियाँ हैं उनसे जुड़े बगैर कोई भी संवेदनशील लेखक कैसे रह सकता है?

लेखन की प्रक्रिया में कुछ क्षण तनाव के भी आते हैं, कुंठा के भी और उल्लास के भी आते हैं। मेरे लिए केन्द्र बिन्दु की पहचान मुश्किल है। जैसे कोई भी संजीदा लेखक खिलवाड़ के लिए तो नहीं लिखता है। वह यह मानकर लिखता है कि जो लिखा जा रहा है वह समुदाय के लिए अभिप्रेत है—मनोरंजन के लिए नहीं। पर मनोरंजन के अलावा समुदाय को उसके लेखन से क्या मिलेगा, यह उस समुदाय को ही खोजना पड़ेगा। मैंने जो भी लिखा वह निश्चय ही सन्देशपरक या प्रचारामक नहीं है। फिर भी एक प्रत्याशा है कि उसमें ऐसे भी संवेदनात्मक तत्त्व होंगे जो पाठक के लिए एक नया अनुभव बने। उन तत्त्वों की मीमांसा करना मेरे लिए सम्भव नहीं है। मुझे विश्वास है कि वह अनुभव उसे पहले के मुक़ाबले बेहतर बनाएगा। पर पाठक के अनुभव की मीमांसा करना भी मेरे लिए सम्भव नहीं है। मुझे खेद है कि यह सब अमूर्त सा लग रहा है। पर इसके अलावा इस बिन्दु पर कुछ और कहना मुश्किल है।

आपने गोवा में हिन्दी साहित्य सम्मेलन के 52वें वार्षिक सम्मेलन (18 मार्च 2001) में एक सत्र की अध्यक्षता करते हुए कहा था, 'एक औसत हिन्दी लेखक अपने लेखन में जनपक्षधरता को सबसे बड़ा मूल्य मानता है और कलावाद से परहेज करता है तो इसके पीछे उसकी सैद्धान्तिक और वैचारिक प्रतिबद्धता नहीं बल्कि केवल उसकी संवेदनशीलता है, इसका आशय क्या है?'

मैंने ठीक कहा था। भारतीय समाज में लेखक के लिए शोषितों के विभिन्न

मार्क्सवाद का विधिवत अध्ययन करना ज़रूरी नहीं। यहाँ की सामाजिक, आर्थिक और राजनीतिक परिस्थितियाँ ही ऐसी हैं जिस वजह से भारतीय लेखक समाज से कटने की छूट नहीं ले सकता। मैं यदि समाज से कट जाऊँ तो मैं लेखन का वह आनन्द भी नहीं ले सकूँगा जो संस्कृत काव्यशास्त्र में वर्णित है। लेकिन मेरा यह दृष्टिकोण आलोचना की दो प्रवृतियों के कारण नहीं हुआ, जिसका प्रतिनिधित्व नामवर सिंह (मार्क्सवादी) और अशोक वाजपेयी (कलावादी) करते हैं। आपका संकेत जिस कलावादी पद्धति की ओर है और उससे फौरी तौर पर अशोक वाजपेयी, निर्मल वर्मा, कुँवर नारायण का नाम ले लिया जाता है, उसके बरअक्स मार्क्सवादी पद्धति है। पर मैं एक तीसरी पद्धति की बात करूँ जिनमें हजारी प्रसाद द्विवेदी, नन्द दुलारे वाजपेयी आदि की आलोचना है, जिसकी नकल सम्भव नहीं है। यह प्रगतिशील आलोचना पद्धति ही थी। एक चौथी पद्धति भी है। प्राध्यापकीय आलोचना की जो न मार्क्सवादी है न कलावादी, जैसे इन्द्रनाथ मदान का लेखन।

इस बात में आज शायद ही कोई विश्वास करता हो कि साहित्य में केवल वही रचना स्वीकार्य हो जो प्रतिबद्ध हो। स्वयं प्रगतिशील विचारधारा में रचनाओं की परख को लेकर छठे दशक में जो कठमुल्लापन आया था वह आज की प्रगतिशील विचारधारा से ग़ायब हो चुका है। आज लेखक की सामाजिक दृष्टि की परख तो होती है और होनी भी चाहिए पर इस बारे में पहले जैसी दृष्टि संकीर्णता नहीं दिखती। मेरे इस कथन का सबसे बड़ा प्रमाण स्वयं डॉ. नामवर सिंह की आलोचना दृष्टि में पाया जा सकता है। मैं अपनी बात करूँ तो मैं खुद को वामपन्थ के करीब और दक्षिणपन्थ तथा रूपवाद से बहुत दूर पाता हूँ।

हिन्दी साहित्य में पिछले कुछ वर्षों से दलित विमर्श और स्त्री विमर्श की ख़ूब चर्चा है। पर सृजन के स्तर पर इस विमर्श से कोई बड़ी रचना सामने नहीं आ रही है। आपकी क्या राय है?

वास्तव में जो इस समय समाज के सबसे महत्त्वपूर्ण मुद्दे हैं वे दलितों और स्त्रियों को लेकर हैं। भारतीय राजनीति ने जो स्वरूप ग्रहण किया है, उसमें पहले सबसे महत्त्वपूर्ण मुद्दा था वर्गहीन समाज की स्थापना। इसकी आवश्यकता नहीं है। आज सामाजिक विसंगति के क्षेत्र में आ रहे हैं इसलिए स्वाभाविक है कि जो लेखक इन सामाजिक सरोकारों के प्रति सचेत है वे उन्हें अपनी रचना का भी मुद्दा बनाएँ। जहाँ तक दलित साहित्य की गुणवत्ता का प्रश्न है तो जब हम सामान्य हिन्दी साहित्य में ही आज कथा या कविता के क्षेत्र में किसी शीर्ष रचनाकार का नाम नहीं ले सकते तो हिन्दी के दलित लेखकों में किसी शताब्दी पुरुष की प्रत्याशा ज्यादती होती। गुणवत्ता के लिए हमें और प्रतीक्षा करनी पड़ेगी।

क्या आप इससे सहमत हैं कि दलित साहित्य केवल दलित ही लिख सकता है?

यदि कोई गैर-दलित ऐसी महत्त्वपूर्ण रचना दे देता है जो कि इस क्षेत्र में एक महान कृति के रूप में स्वीकार्य हो जाये तो यही इस धारणा का उत्तर होगा। वैसे सैद्धान्तिक स्तर पर मैं यह नहीं मानता कि अनुभव की प्रामाणिकता केवल लेखक के व्यक्तिगत अनुभव पर ही आधारित हो सकती है। मुख्य प्रश्न संवेदना का है। संवेदना शून्य व्यक्ति के लिए निजी तौर पर अर्जित किये गये तीखे अनुभवों का भी कोई महत्त्व नहीं है।

भारत में ख़ासतौर से हिन्दी साहित्य में स्त्री विमर्श की बहसें दिशाहीन क्यों दिखाई दे रही हैं?

स्त्री विमर्श की जो दिशाहीनता हिन्दी साहित्य में दिख रही है, उसके मनोवैज्ञानिक और सामाजिक कारण हैं। मुझे लगता है कि भारतीय समाज में नारी मुक्ति का वास्तविक और सर्वांगीण स्वरूप क्या होना चाहिए इस बारे में कोई सुचिन्तित राय नहीं उभरी है। केवल तात्कालिक महत्त्व के अलग-अलग मुद्दों पर बहसें हुईं और अल्पकालिक आन्दोलन होते रहे हैं। नारी मुक्ति की अवधारणा तदर्थवाद से ग्रस्त है। समाज के विकास में नारी को पुरुष के साथ पूर्ण समकक्षता मिलने के लिए किन-किन अल्पकालिक और दूरगामी कार्य योजनाओं पर विचार होना चाहिए ऐसा व्यापक रूप से कहीं नहीं मिल पाता और यदि ऐसा कोई ब्लू प्रिंट हो भी तो अधिकांश नागरिकों को इसकी कोई जानकारी नहीं है। सामाजिक-राजनीतिक चिन्तन की यही दिशाहीनता सम्भवतः साहित्य में भी प्रतिबिम्बित हो रही है। नारी मुक्ति को लेकर लिखा गया अधिकांश कथा साहित्य व्यावसायिक क्षेत्र में पुरुष से प्रतिस्पर्धा और उसकी ईर्ष्या, पारम्परिक विवाह प्रथा का खंडन, प्रत्याख्यान, यौन शुचिता की अवधारणा का प्रत्याख्यान, दहेज प्रथा की विकरालता आदि जैसे अलग-अलग मुद्दों पर ही केन्द्रित होकर रह जाता है। भारतीय समाज में समग्र रूप से नारी की स्थिति का नक्शा हमारा साहित्य भी देते-देते उसी तरह चूक जाता है, जिस तरह इस दिशा में पूरे समाज और राजनीति का चिन्तन चूक रहा है।

आज की कथा-आलोचना को लेकर आपकी क्या राय है?

व्यावहारिक समीक्षा तो ख़ूब हो रही है। आज शायद ही कोई महत्त्वपूर्ण किताब हो जिस पर न लिखा जाता हो। हिन्दी में कथा-साहित्य को लेकर सैद्धान्तिक आलोचना अभी विकसित नहीं हुई है। पर जहाँ हिन्दी कथा-साहित्य का इतिहास ही बमुश्किल सौ साल का हो, वहाँ सिद्धान्तों के निर्धारण और विकास को लेकर हमें बहुत व्यग्र नहीं होना चाहिए। यह भी हो सकता है कि इस समय कथा-साहित्य पर जो व्यापक समीक्षा कार्य हो रहा है, इसी में से ऐसे सिद्धान्त-सूत्र उभरें जो आगे चलकर सैद्धान्तिक समीक्षा के पैरामीटर्स निर्धारित करने में सहायक हों। इस पर धैर्य से काम करने की ज़रूरत है।

क्या आपको नहीं लगता कि हमारे समाज में लेखक की स्थिति, हैसियत और महत्त्व में कमी आ रही है? आपका निजी अनुभव कैसा है?

यह लेखकीय कुंठा गलत अवधारणा से पैदा हुई है। समाज के लिए जो प्रत्यक्ष रूप से जितना प्रासंगिक होता है उसे उतना ही महत्त्व मिलता है। एक गरीब और विसंगति भरे समाज में लेखक को यदि कुछ पाठक मिल जायें और उसे एक सामान्य मेहनतकश के मुक़ाबले कुछ ज़्यादा अच्छी पहचान मिल जाये तो इतना भी कम नहीं है। बड़े-बड़े सत्तासम्पन्न और राजपुरुषों के बीच यदि लेखक की पहचान नहीं है तो यह उसके लिए ज़्यादा अच्छा है। उनके द्वारा प्रशंसित होना आज के वातावरण में उसके अधःपतन का कारण भी हो सकता है।

गड़बड़ी तब होती है जब लखनऊ अपनी तुलना बड़े संगीतकारों, खिलाड़ियों, फ़िल्मी कलाकारों, मॉडलों और दूसरे त्वरित ख्याति पाने वाले पेशेवरों से करने लगता है। उनकी ख्याति का स्पष्ट कारण है कि वे तात्कालिक रूप से जनता को स्वप्न बेचते हैं। लेखक ऐसा नहीं कर सकता। अगर उसमें स्वप्न बेचने की क्षमता हो तब भी ग्रहीता तक उन्हें पहुँचाने की प्रक्रिया धीमी होगी। सत्ताधारियों के लिए संगीतकार, खिलाड़ी, अभिनेता लोग वैचारिक और राजनीतिक दृष्टि से मुश्किलें पैदा करने वाले नहीं होते। लेखक ख़तरनाक साबित हो सकता है। इसलिए आज के वातावरण में सत्ताधारियों के लिए यह ज़्यादा सुखद है कि लेखकों से न उनकी घनिष्ठता हो न टकराव। यह सब अगर ठंडे दिमाग़ से समझाया जाये तो लेखक अपने को उपेक्षित महसूस नहीं करेगा और न सत्ता तन्त्र में प्रत्यक्ष या परोक्ष रूप से घुसना चाहेगा।

एक लेखक के रूप में मुझे जो व्यापक स्वीकार्यता मिली है उसे लेकर मुझे विस्मय ही होता है। मैं आमतौर से अपने अनेक लेखक मित्रों की कुंठा का सहभागी नहीं हो पाता, क्योंकि लेखक के साथ जुड़े हुए तनावों के साथ-साथ उससे सम्बद्ध जो उल्लास के क्षण मुझे मिलते रहे हैं, वे मेरे लिए अमूल्य हैं।

मधुकर सिंह

समकालीन कहानी में अराजकता है

मधुकर सिंह प्रेमचन्द की परम्परा में गँवई चेतना के कहानीकार हैं। प्रगतिशील मूल्यों से युक्त राजनीतिक दृष्टिसम्पन्नता तो है ही, वर्ण का सवाल भी उनसे नहीं छूटा। दुख-दर्द और उनके जीवन को उन्होंने अपनी कहानियों का विषय काफ़ी पहले तब बनाया था, जब राजनीति के एजेंडे में वे आज की तरह प्रमुख नहीं थीं। उनकी मुख्य प्रकाशित कृतियाँ हैं—'पूरा सन्नाटा', 'भाई', 'माइकल जैक्सन की टोपी' (कहानी संग्रह), 'सबसे बड़ा छल', 'सोनभद्र की राधा', 'सीताराम नमस्कार', 'सहदेवराम का इस्तीफा', 'जंगली सूअर', 'मनबोध बाबू', 'बेमतलब बदनाम ज़िन्दगियाँ', 'उत्तरगाथा', 'अग्निदेवी' उपन्यास)। अध्यापन के पेशे से जुड़े रहे मधुकर सिंह सेवानिवृत्ति के बाद हम दिनों भारत सरकार के मानव संसाधन मंत्रालय की सीनियर फेलोशिप के तहत आदिवासी नेताओं सिद्धू-कानो के जीवन पर एक उपन्यास के लेखन में व्यस्त हैं।

उन्नीसवीं सदी के आदिवासी समाज के नायकों—ख़ासकर सिद्धू-कानो के समय और इतिहास के सन्दर्भ को लेकर शोधपरक उपन्यास लिखने की आवश्यकता आपने कैसे महसूस की?

इतिहास मानवीय क्रियाओं का अभिलेख होता है। भाषिक शोर के इस ज़माने में हमारी भाषा और संस्कृति पर पश्चिमी साम्राज्यवाद और भारतीय सामन्ती और कट्टरपन्थी ताकतों के गठजोड़ से हमले बड़े तीव्र हुए हैं। संस्कृति और रोटी पर आघात सम्पूर्ण मानवता पर आंघात है। बिहार के सन्ताल परगना और छोटानागपुर के जनजीवन में प्रवेश करने के बाद ऐसा महसूस हुआ कि उन इलाकों का पूरा मानव समाज आदिकाल से ही अपने अस्तित्व के लिए जूझता रहा है, और इनकी जंग आज भी जारी है। कार्ल मार्क्स की दृष्टि से 'सन्ताल-विद्रोह' भारत की पहली जनक्रान्ति थी।

सन्ताल परगना के अन्तर्गत राजमहल क्षेत्र का एक गाँव है—भगनाडीह। इसी गाँव में जन्मे थे सिद्धू-कानो। सिद्धू ने दस हज़ार सन्तालों के बीच 30 जून 1855 को ऐलान किया कि अंग्रेज़ हमारी मातृभूमि पन्द्रह दिनों के भीतर छोड़कर हट जाये। और शान्तिपूर्ण तरीके से सन्तालों को सन्तालों की ज़मीन पर शासन करने दें। अंग्रेज़ों के लगभग एक सौ वर्ष के शोषण और उत्पीड़न के प्रभाव स्वरूप यह विद्रोह हुआ था।

नायक का विद्रोह या क्रान्ति नहीं थी, जैसा कि अंग्रेज़ी हुकूमत के ख़िलाफ़ सिपाही विद्रोह के काल में था। जनता के बीच से इसके नेता या नायक उभरे थे। इसी ऐतिहासिक घटना के क्रम में जनता की भाषा, संस्कृति, रोटी, अस्मिता और आज़ादी का सवाल मेरे सामने था। इन्हीं सारे सवालों ने मुझे उपन्यास लिखने के लिए प्रेरित किया।

बीसवीं सदी के अन्त तक आते-आते हिन्दी कहानी का जो चरित्र बना है, उसको लेकर आप क्या कहेंगे?

बड़ी चिन्ताजनक स्थिति है। समकालीन कहानी में इन दिनों ख़ासी अराजकता है। उच्च मध्यवर्गीय उपभोक्ता संस्कृति का बोलबाला है। मानवीय पीड़ा और सामाजिक अन्याय के बारे में लिखने के बजाय अपराध, हिंसा, जनसंहार, हत्या को कला और शिल्प के नित्य नये प्रयोगों के साथ पेश करने की होड़ है। हमारी नयी पीढ़ी में 'हमजाद', 'कलिकथा वाया बाईपास' और 'पालगोमरा का स्कूटर' जैसी रचनाओं के आगे लिखने की ग़ज़ब की छटपटाहट है। प्रगतिशीलता, जनवाद से परहेज करते हुए लन्दन के छठे विश्व हिन्दी सम्मेलन की तरह अटल बिहारी वाजपेयी की कविताओं की प्रशंसा से भी हमें अब कोई शर्म नहीं है।

अगर यह मान भी लें कि समकालीन हिन्दी कहानी का जो स्वरूप है उसमें हिन्दी समाज में व्याप्त भय, दुख और करुणा का प्रतिनिधित्व नहीं है, उनकी जगह बनावटी और ज़्यादा से ज़्यादा क्षणिक संवेदना पैदा करने वाली रचनाएँ प्रमुख बन रही हैं। क्या यह स्पष्ट तौर पर समकालीन हिन्दी कहानी का पलायन है या कोई साजिश?

इसका मूल कारण है समकालीन हिन्दी कथाकार का दोहरा चरित्र। इसे पलायन कहें या साजिश पर इस तरह की सोच और समझ अस्वाभाविक भी नहीं है। हाँ इससे उनके निजी संस्कारों के भीतर अन्तर्द्वन्द्व और टकराहटें ज़रूर समाप्त हुई हैं। उनका अनुभव संसार और नित्य घट रही घटनाओं और बेहतर ज़िन्दगी के लिए दुनिया समाज में चल रहे जनसंघर्षों को देखने-परखने का नजरिया भी धुँधला और संकीर्ण हुआ है, कारण कि उपभोक्ता और बाज़ारू संस्कृति, टेकनॉलॉजी की सुविधा का दबाव बढ़ा है। इलेक्ट्रॉनिक माध्यमों ने बुरी तरह ललचाया है। मुख्यधारा में इसके प्रभाव के कारण समकालीन व्यथा, भय और करुणा को उजागर करने वाली रचनाएँ—कहानियाँ और कविताएँ—दरकिनार हुई हैं। हालाँकि उनके समान्तर समकालीन सच को व्यक्त करने वाली रचनाएँ भी रची जा रही है। 'पहल', 'वर्तमान साहित्य', 'समयान्तर', 'दायित्वबोध' जैसी दर्जनों पत्रिकाएँ इस संकट के ख़िलाफ़ जूझ रही हैं। परन्तु बड़े माध्यमों के सामने इनकी हैसियत कितनी है, इसका अन्दाज़ सबको है।

सत्तर के दशक में लिखी आपकी कहानियों में पिछड़े समाज का नायकत्व अक्सर दिखता है। क्या ऐसा आज़ादी के बाद भी देश में कायम रहे सवर्णवादी दबदबे के

प्रतिकार में था? हालाँकि हिन्दी समाज में इस तरह की सुगबुगाहटें बड़े स्तर पर अस्सी के बाद ही शुरू हुईं?

नक्सलबाड़ी आन्दोलन का भोजपुर में स्वतःस्फूर्त अंकुरण और 1967 में ही भारत के ग्यारह राज्यों में तीस वर्षों से चली आ रही कांग्रेसी हुकूमत की पराजय ने सामाजिक-राजनीतिक दुनिया में पिछड़े समाज के हाथों हठात् नेतृत्व की बागडोर थमा कर एक नया समीकरण तैयार कर दिया। स्वाभाविक है कि समाज में नये नायकत्व के साथ बहुसंख्यक वर्ग को अपने अस्तित्व का एहसास हुआ। सवर्ण सामन्ती प्रभुत्ववादी वर्ग के शोषण, उत्पीड़न, हड़प के ख़िलाफ़ नयी चेतना का उदय हुआ और मेरी कहानियाँ उसे रेखांकित करने की दिशा में आगे आयी। मेरे कहानी संग्रह 'भाई का जख़्म' की सारी कहानियाँ इसकी मिसाल हैं, जो सत्तर के दशक में ही लिखी गयी थीं।

सामाजिक-आर्थिक कारणों से पिछड़े वर्ग में भी जो अपने किस्म का एक ब्राह्मणवाद पैदा हुआ, उसे भी आपने अपनी कहानियों में रेखांकित किया। आज के परिदृश्य में आप इस प्रवृत्ति को किस तरह देखते हैं?

यही नव ब्राह्मणवाद पिछड़े समाज के विचारहीन नायकत्व का प्रमाण है, जिसके ज़िम्मेदार विश्वनाथ प्रताप सिंह से लेकर मायावती, कांशीराम और लालू प्रसाद जैसे राजनीतिक हैं। मेरी कई ऐसी कहानियाँ हैं जो इस प्रवृत्ति पर चोट करती हैं।

आपकी कहानियों में दुश्मन की पहचान स्पष्ट है। क्या यह दुश्मन आज भी उतना ही स्पष्ट है?

दरअसल, सर्वत्र वैचारिक क्षरण और सामाजिक संवेदनहीनता ने एक ग़ज़ब तरह की क्रूर-संस्कृति को जन्म दिया है। नवधनाढ्यों की ग़ज़ब तरह की संस्कृति 'शेप' पा गयी है जो अपनी असलियत में नवब्राह्मणवादी भी है, नवसामन्तवादी भी है। सन् '72 में लिखी गयी कहानी 'दुश्मन' से लेकर अब तक लिखी गयी कहानियों में बराबर इस चीज़ की खोज मैं करता रहा हूँ।

वैसे यह वक़्त तो नायकत्व की समाप्ति का है?

जब समाज से और देश से वैचारिक राजनीति ही ख़त्म हो रही हो, तो नायकत्व कहाँ से मिले? 1974 के जनान्दोलन को नायकत्व मिला भी तो जयप्रकाश नारायण जैसा, एक थका-हारा और चुका हुआ आदमी। इन सारी स्थितियों के बावजूद पूरे देश में अलग-अलग ही सही पर जो जनसंघर्ष जारी है वह एक दिन ज़रूर एकाकार होगा; तब शायद इसी के भीतर से नया नायक जन्म ले।

हिन्दी कहानी का नयी सदी में भविष्य आपको कैसा लगता है?

बीसवीं सदी ने हमें मुक्ति का नया रास्ता दिया है—तमाम बुराइयों के ख़िलाफ़ आन्दोलन का, संघर्ष का। इसी समकाल में कहानियाँ लिखी भी जा रही हैं। इसलिए भविष्य तो है।

साहित्यिक पत्रिका 'इस बार' के पुनःप्रकाशन के पीछे आपका नया उद्देश्य है? ख़ासकर ऐसे समय में जब पत्रिकाएँ महज संकलन के रूप में बदल गयी हों।

मेरे लिए 'इस बार' एक मिशन है, मेरे भीतर का ही सांस्कृतिक संघर्ष, जो सम्भवतः चल रहे विभिन्न संघर्षों से जा जुड़े।

अन्तिम सवाल। लेखक संगठनों के लगातार अप्रासंगिक होते जाने के दौर में पिछले कई वर्षों से आपका स्पष्ट और सक्रिय सम्बन्ध जन संस्कृति मंच से रहा है। क्या एक लेखक के लिए इस तरह की राजनीतिक सक्रियता ज़रूरी है?

मुझे लगता है कि लेखक जिन समस्याओं, जिन चुनौतियों से जिस तेवर के साथ जूझता है उसके लिए उसका संगठित होना उसे कमज़ोर नहीं होने देता—ताकत ही देता है। मौजूदा दौर में कई संगठनों के बावजूद जसम अभी तक अपने सरोकारों में अधिकतम समझौताहीन लगता है।

उदय प्रकाश-1

न तो पत्रकारिता का पतन हुआ है और न साहित्य पवित्र बचा है

जब आपको 'पहल सम्मान' दिये जाने की घोषणा का समाचार मिला तो आपको कैसा लगा?

मुझे आश्चर्य हुआ न तो मेरा ज्ञानरंजन जी से कोई गहरा सम्पर्क था और न ही मैं किसी शासकीय-अशासकीय गतिविधि में शामिल था। इसका कारण मेरे जीवन की परिस्थितियाँ हैं। पिछले कुछ वर्षों से मेरी यह धारणा अवश्य पुष्ट होती गयी है कि मात्र लेखन एवं कला पर निर्भर एक स्वतन्त्र नागरिक व्यक्तित्व का सम्माननीय स्थान संस्थानिक समाज में नहीं बचा है। संस्थानों का तो निर्माण ही दरअसल नागरिकता के निषेध के लिए हुआ है। मेरी यह मान्यता है कि रचनाकार को सांस्थानिक समाज नहीं—लोक या नागरिक समाज का हिस्सा होना चाहिए। इसीलिए जब मेरे मित्र और वरिष्ठ पत्रकार राजकुमार केसवानी ने मुझे फ़ोन पर पहल सम्मान के लिए चुने जाने की सूचना दी तो मुझे आश्चर्य भी हुआ और प्रसन्नता भी हुई क्योंकि यह लेखक बिरादरी द्वारा संचालित पुरस्कार है। इसके संयोजक ज्ञानरंजन हिन्दी की कथा परम्परा के उन विलक्षण कथाकारों में से हैं जिन्होंने कहानी की गति को एक निर्णायक मोड़ दिया था। अभी भी ज्ञानरंजन और निर्मल वर्मा का गद्य हिन्दी कथा के लिए एक कसौटी है।

आपकी पिछली कहानियों 'पीली छतरीवाली लड़की' और 'दिल्ली की दीवार' को छपे हुए काफ़ी अर्सा हो गया। इन दिनों आप क्या लिख रहे हैं?

आपने बुकर पुरस्कार विजेता यान मार्टेल का उपन्यास 'लाइफ ऑफ़ पी' पढ़ा होगा। उपन्यास की प्रस्तावना का पहला वाक्य ही है—"इस उपन्यास का जन्म मेरी भूल के गर्भ से हुआ है।" यह वाक्य हर उस लेखक पर लागू होता है, जिसकी आजीविका लेखन है। मुझे भी आजीविका के लिए निरन्तर लिखना होता है। अभी आपने तीन दिन पहले ही विजयदान देथा की कहानियों पर आधारित मेरी टेलीफ़िल्में (जो कुल दस हैं) देखी हैं। उसमें निर्देशन के अलावा पटकथाएँ लिखने का भी

श्रमसाध्य कार्य था। आज के नये कारपोरेट यथार्थ एवं उसमें साधारण आदमी की नियति को लेकर मैंने एक बड़ी फीचर फ़िल्म की पटकथा लिखी है। इसी दौरान मेरी कुछ कविताएँ भी प्रकाशित हुई हैं जिनमें 'चंकी पांडे मुकर गया है' और 'विरजित खान' की व्यापक चर्चा हुई है। इस समय मैं कुछ कहानियों एवं कुछ कविताओं के साथ एक उपन्यास पर काम कर रहा हूँ। यह उपन्यास आज के समय में मनुष्य की खोई हुई आइडेंटिटी पर केन्द्रित है और इसके परिसन्दर्भ में हिंसा एवं व्यापार का वैश्विक यथार्थ है। इसका मुख्य पात्र एक फ़ौजी है, जो हिंसा से घबराकर भाग खड़ा होता है और एक गुफा में रहने लगता है। इस उपन्यास का आख्यान उस भयभीत गुहावासी की आँख से देखा गया यथार्थ है। इस पात्र को आप दार्शनिक, पागल, गड़रिया, ऋषि अथवा लेखक के रूप में समझ सकते हैं। लेकिन उपन्यास की कथा सरल एवं रोचक होगी। इसके अलावा मैंने नागपुर में पहल सम्मान समारोह के अवसर पर पढ़ी जाने के लिए एक नयी कहानी लिखी है। आपको याद होगा कि मेरी चर्चित कहानी 'छप्पन तोले का करधन' आज से अठारह साल पहले 'पहल' में ही प्रकाशित हुई थी।

आपने साहित्येतर लेखन भी ख़ूब किया है, जैसे आपने पूर्णकालिक पत्रकारिता की है, टेलीविज़न के कई चैनलों के लिए काम किया है और कई फ़िल्में भी बनाई हैं। क्या यह सब केवल आजीविका के लिए किया या इसे भी आप साहित्य-सृजन जितना ही महत्त्वपूर्ण काम मानते हैं?

यह सच है कि यह सब काम मैंने आजीविका के लिए किया, पर यह भी सच है कि मैं पत्रकारिता, टेलीविज़न, फ़िल्म, रंगमंच आदि को साहित्य का ही आनुषंगिक विस्तार मानता हूँ। आपको पता ही है कि प्रेमचन्द और रघुवीर सहाय से लेकर सलमान रुश्दी और यान मार्टेल तक लेखक पत्रकारिता, विज्ञापन एवं टेलीविज़न के लिए काम करते रहे हैं। हमारे यहाँ समस्या यह है कि हिन्दी में अमूमन अध्यापक या अधिकारी को ही साहित्यकार होने का पात्र माना जाता है जिसका परिणाम यही है कि समकालीन हिन्दी लेखन हिन्दी समाज नहीं बल्कि हिन्दी विभाग की कमोडिटी बनकर रह गया है।

प्रिंट मीडिया का काम भी बहुत महत्त्वपूर्ण है। आज के मीडिया बहुल समाज में भी उसकी हैसियत कम नहीं हुई है। यह सही है कि उसमें बहुत बदलाव आया है और आज की पत्रकारिता में राहुल बारपुते या राजेन्द्र माथुर को खोजना कठिन होगा। प्रभाष जोशी जैसे पत्रकारों के होने के बावजूद 'जनसत्ता' का 'मार्जिनलाइजेशन' आज की पत्रकारिता एवं आज के पाठक की ज़रूरत में बदलाव की सूचना देता है। अब पत्रकार की चिन्तक एवं विचारवान होने की जगह सूचनाओं को हासिल करने, उनकी पैकेजिंग करने और उन्हें नये फ्लेवर में आज के पाठकों तक पहुँचाने

में कुशल होना चाहिए। इस मामले में भाषाई अख़बारों के क्षेत्रीय संस्करण बहुत आगे हैं, जिनमें नयी युवा पत्रकारों की बहुत ही कुशल एवं प्रतिभाशाली पीढ़ी तैयार हो चुकी है। इसी तरह टेलीविज़न चैनलों की बढ़ती हुई संख्या दरअसल सूचना एवं मनोरंजन की विविधता के पूरे स्पेक्ट्रम को प्रदर्शित करती है।

आज हमारी पत्रकारिता से साहित्य बेदखल हो गया है और उसका स्थान मनोरंजन ने ले लिया है। क्या हिन्दी पत्रकारिता में विकृतियाँ इसलिए आयी हैं कि साहित्यकारों ने इसमें समय रहते हस्तक्षेप नहीं किया? साहित्य और पत्रकारिता के रिश्ते को आप आज किस तरह देखते हैं?

मैं यह बिल्कुल नहीं मानता कि पत्रकारिता का पतन हो गया है और साहित्य पवित्र बचा हुआ है, जबकि वास्तविकता इसके ठीक उलट है। वस्तुतः राजनीति के समानान्तर जिस अनुशासन का सर्वाधिक पतन हुआ है वह साहित्य ही है। बहुत खोजने पर भी आपको आज हिन्दी साहित्य में तरुण तेजपाल, पी. साईनाथ या एन.राम जैसे व्यक्तित्व नहीं मिलेंगे। यह एक सर्वज्ञात तथ्य है कि स्वतन्त्रता के बाद पचास वर्षों में ही हम भ्रष्टाचार एवं अपराधीकरण के भयावह दौर में प्रवेश कर गये हैं। अभी पिछले ही दिनों एक युवा अमेरिकी महिला पत्रकार एलेक्जांद्रा राबिन्स की विस्फोटक किताब सामने आयी है–'स्कल एण्ड बोन्स-सिक्रेट पाथ टू पावर' इससे पता चलता है कि इक्कीसवीं सदी के इस प्रारम्भिक दशक में हम समाज की व्यवस्था की उस सत्ता संरचना तक पहुँच गये हैं, जहाँ माफिया, पुलिस, धर्म, राजनीति एवं संस्कृति के लोग किसी मध्यकालीन तान्त्रिक संगठन की तरह एक-दूसरे से जुड़ गये हैं। यह लोग समाज से सत्ता-तन्त्र के ऐतिहासिक अलगाव का दौर है। दुर्भाग्य एवं विडम्बना ही है कि यही वह दौर है, जब साहित्य में नौकरशाही, राजनीति एवं कारपोरेट पूँजी की सबसे ज़्यादा उपस्थिति है। हमारे समय के वे आलोचक, जिनके सोने, चलने और बैठने पर साहित्य सोता, चलता और बैठता है। वे आज अफ़सर, नेता और कारपोरेट पूँजी के हाथों बिक चुके हैं। इसीलिए मेरा मानना है कि साहित्य का राजनीतिकरण समाप्त होना चाहिए और साहित्य को एक बृहत्तर सामाजिक एवं मानवीय ज़िम्मेदारी उठाने के लिए मौजूदा राजनीति का प्रतिपक्ष बन कर खड़ा होना चाहिए। मेरा मानना है कि पत्रकारिता को साहित्य के इलाके में हस्तक्षेप करना, पुरस्कारों एवं संस्थाओं पर क़ब्जे एवं गिरोहबन्दी की जिस कुत्सित राजनीति में हमारे समय के बड़े और चर्चित लेखक शामिल हैं, उसका पत्रकारों द्वारा पर्दाफ़ाश होना चाहिए।

समाज में साहित्य को जो स्पेस था वह सिनेमा, टेलीविज़न, खेल एवं मनोरंजन की दूसरी विधाओं द्वारा अधिग्रहित किया जा चुका है। इसी का असर अख़बारों में साहित्य पर भी पड़ा है। साहित्यकार अब सेलेब्रेटी नहीं रहा। अमेरिका में भी

किसी भी कविता संकलन की 500 प्रतियाँ ही बिकती हैं। अभी प्रख्यात भारतीय अंग्रेज़ी कवि जयंत महापात्र का एक चर्चित एवं विवादास्पद लेख प्रकाशित हुआ है। लोली पोटैटो—द इंडियन पोएट्री' यानी किसी भी सब्जी मंडी में सस्ते सड़े आलू जैसी स्थिति कविता की हो गयी है। हिन्दी एवं अंग्रेज़ी डिपार्टमेंट कविता को उसी तरह अनुदानों-पुरस्कारों आदि द्वारा बचाने की कोशिश कर रहे हैं। मानो कोई घोड़ा डिपार्टमेंट परम्परा के संरक्षण के नाम पर घोड़े की नाल बनाने वालों को बचाने की कोशिश करे। कविता केवल कवियों के लिए लिखी जा रही है। दरअसल पत्रकारिता एवं साहित्य दोनों के सामने मौजूदा राजनीतिक-सामाजिक विघटन के बरअक्स एक जैसी चुनौतियाँ एवं दायित्व हैं। आपने अंग्रेज़ी का वह मुहावरा तो सुना ही होगा—'करप्शन ऑफ़ बेस्ट इज़ वर्स्ट फॉर मास करप्शन' साहित्य जो कि किसी समाज की मानवीय प्रतिभा एवं प्रज्ञा का वेस्ट (सर्वोत्कृष्ट) होता है। उसका भ्रष्ट हो जाना एक गहरे संकट की सूचना देता है।

आपको अपनी रचनाओं में कौन-सी रचना प्रिय है और क्यों?

मुझे अपनी कविताओं में तिब्बत, मीता की ईंट हो तुम दीदी, ताना-बाना तथा कहानियों में डिबिया, नेल कटर और पीली छतरीवाली लड़की बहुत प्रिय हैं, ये क्यों प्रिय हैं, इसका उत्तर देना मुश्किल है। कोई भी रचना सिर्फ़ बौद्धिक ही नहीं होती। साहित्य का क्षेत्र भी सिर्फ़ बौद्धिकता का नहीं होता। इसमें बुद्धि, प्रज्ञा, संवेदना एवं स्मृति की बराबर उपस्थिति होती है। मैंने जिन रचनाओं का नाम लिया है, उनकी पसन्द के पीछे भी यही आधार है।

आज हिन्दी में जो साहित्य लिखा जा रहा है, उसके बारे में आपकी क्या राय है?

दरअसल समकालीन हिन्दी लेखन का कंज्यूमर हमारे बृहत्तर हिन्दी समाज में अब कोई है नहीं। इसका सबसे बड़ा कारण यह है कि चाहे उपन्यास हो या कहानी या कविता, उसमें आज के यथार्थ के दबावों, अन्तर्विरोधों एवं संकटों को देखने की बजाय लेखकों के अपने एजेंडे पहले से ही तय हैं। दलित, स्त्री, साम्प्रदायिकता ये ऐसे एजेंडे हैं जिनके सरलीकृत नुस्खे उपन्यास, कविता, कहानी में आज भरपूर आजमाए जा रहे हैं। आप अगर देखें तो स्वयं राजनीति ने इन एजेंडों को आजमाने के बाद इनकी निष्फलता के कारण उन्हें छोड़ दिया है। व्यापक भारतीय समाज में इन पूर्व निर्धारित एजेंडों का जादू या असर अब उस रूप में नहीं रहा। आपको यह रोचक लगेगा कि पिछले कुछ वर्षों में जिन स्त्रियों की छवि समाज में अवांगार्द के रूप में उभरी है, जैसे वन्दना शिवा, सुनीता नारायण, मेधा पाटकर, मदर टेरेसा, महाश्वेता देवी आदि। उनमें से कोई भी साहित्य से नहीं आया है। यदि साहित्य से दो नाम—अरुन्धती राय और तसलीमा नसरीन के सामने आते भी हैं तो ये दोनों

हिन्दी साहित्य से नहीं हैं। दरअसल हिन्दी साहित्य में ये तयशुदा एजेंडे भद्रलोक की उन नागर लेखक-लेखिकाओं के हाथ में हैं जिन्हें हम अर्बन एलीट के नाम से जानते हैं। समाजवादी (सोशलिस्ट) एवं सामाजिक (सोशलाइट)—इन दोनों में अन्तर होता है। हिन्दी का मौजूदा साहित्य सामाजिकों अर्थात सोशलाइट के हाथ में है। सम्पर्क एवं जुगाड़ के नाम पर फलने-फूलने वाले इस साहित्य से किसी भी दिशा-निर्देशन की उम्मीद नहीं बाँधनी चाहिए। आज का साहित्य आपसदारी का शामिल बाजा है।

उदय प्रकाश-2

मैं ब्रह्मराक्षस का सजल उर शिष्य होना चाहता हूँ... अभी मुझे और सजा मिलेगी

पिछले कुछ वर्षों से आप पर सुनियोजित आक्रमण हो रहे हैं। इसके केन्द्र में आपकी रचनाओं से अधिक आप स्वयं होते हैं। इसका कारण?

मुझे खुद नहीं पता कि ऐसा क्यों हो रहा है। मैं आपसे और साहित्य के पाठकों से भी इसका उत्तर जानना चाहता हूँ। अपने समय के रचनाकारों और उन अख़बारों और पत्रिकाओं के सम्पादकों से भी, जहाँ तक मेरे जीवन और व्यक्तित्व आदि का सवाल है, उसका अधिकांश हिस्सा साहित्य या अन्य कलाओं के साहचर्य और अध्ययन आदि पर ही निर्भर रहा है। गोष्ठियों, सभाओं में भी आपने शायद ही मुझे कहीं पाया हो। विश्वास कीजिए मैं किसी प्रतिद्वन्द्विता या होड़ में न कभी पड़ा न उसमें मेरी कभी कोई रुचि ही रही है। इसके बावजूद किसी भी अन्य रचनाकार की तरह मेरी भी यह आकांक्षा रही है कि मेरी रचनाओं के टेक्स्ट (पाठ) और उनके आशयों पर गम्भीर और निष्पक्ष बातचीत हो। लेकिन ऐसा हो नहीं रहा है। शायद मेरी सामाजिक अवस्थिति इसका कारण हो। एक स्वतन्त्र लेखक, जो सिर्फ़ स्वतन्त्र लेखक है, उसकी समाज में आज क्या स्थिति है मेरे प्रति किया जाने वाला व्यवहार उसका एक लिटमस टेस्ट है। जो आज प्रतिष्ठित, सम्मानित और सर्व-प्रशंसित लेखक हैं, उनकी सामाजिक अवस्थिति पर एक निगाह डालिए। लेकिन यही वह धरातल भी है, जहाँ मैं अपने आपको इस देश के सामान्य और 'मार्जिनलाइज्ड' जनता या नागरिकता के करीब पाता हूँ। हो सकता है इस स्थिति से, अपमान और तिरस्कार आदि से व्यक्तिगत तौर पर, एक संवेदनशील मनुष्य के रूप में मुझे असह्य तनावों और यन्त्रणाओं से गुज़रना पड़ता हो, लेकिन सम्भवतः सन्ताप ही वह धरातल है, जहाँ से हर सच्ची रचना जन्म लेती है। मैंने बहुत सफल, मुस्कुराते हुए और हर समारोह में माला धारण करते किसी व्यक्ति को आज तक कोई बड़ा साहित्यकार बनते नहीं देखा। आप 'सी ऑटर' को जानते होंगे। वह समुद्री जीव, जिसको जितना ही 'टॉर्चर' किया जाता है, उसके शरीर से उतनी ही तेज गन्ध का द्रव निकलता है। बाज़ार की सबसे महँगी परफ्यूम

इंडस्ट्री उसी की यातना से मुनाफ़ा कमाती है। यह एक मार्मिक सच है, जो कला और रचना पर भी लागू होता है।

लेकिन कोई भी यह नहीं कह रहा है कि आप महत्त्वपूर्ण रचनाकार नहीं हैं। फिर भी कई लोगों की आपसे भयानक असहमतियाँ हैं। मसलन इसी स्तम्भ में ही विभूति नारायण राय ने आप पर जो टिप्पणियाँ की थीं, उसके पीछे क्या निजी कारण हैं?

विभूति नारायण राय पुलिस के इंस्पेक्टर जनरल हैं। ताकतवर और ऊँचे सम्पर्क के व्यक्ति हैं। आज की पत्रकारिता, ख़ासतौर पर हिन्दी पत्रकारिता में जिस तरह के पत्रकार सक्रिय हैं?

बिल्कुल स्वाभाविक है कि वे मुझे ही नहीं, कृष्णा सोबती, निर्मल वर्मा, शमशेर बहादुर सिंह, विष्णु खरे या राजेन्द्र यादव को पागल कुत्ता कहें? तो वह प्रमुखता के साथ एक नहीं कई अख़बारों में छप जाये। बल्कि मेरी इस टिप्पणी के बाद छपेगा भी। लेकिन मैं एक सत्य की तरफ़ आपका ध्यान आकर्षित करना चाहता हूँ। उस इण्टरव्यू की भाषा में जिस तरह की हिंसा और घृणा थी, मैं पूरी निर्भयता के साथ उसकी भर्त्सना करता हूँ। मेरा मानना है कि लेखक होना मनुष्य से एक अलग ही अस्तित्व की अनिवार्य अपेक्षा रखता है। सिर्फ़ लिखना जानने की वजह से और अपनी ताकत और साधनों के दुरुपयोग से आप अपना प्रचार और दूसरों के विरुद्ध दुष्प्रचार जितना कर लें, लेखक या रचनाकार नहीं हो सकते। लेखक जिस भाषा से अपनी रचना का प्रस्थान प्रारम्भ करता है, वह किसी अपराधी, पुलिस, वकील, पुरोहित, अध्यापक, चाटुकार या राजनीतिक लफ़्फ़ाज की भाषा नहीं होती। मैंने पहले भी रोलां बार्थ के कथन को उद्धृत किया था कि रचनाकार की भाषा मृत्यु के बाद की भाषा है। लेखक एक मृत्युपरान्त (पॉस्थ्युमस) सक्रियता है। रचनाकार होने के लिए आपको अपने सांसारिक-व्यावहारिक अस्तित्व को मिटाना पड़ता है। काफ्का तो लेखक के एकान्त की तुलना सन्त के एकान्त से करता था। आप स्वयं सोचिए सन्तों और मृत लोगों की बस्ती में इस समय ये कौन-कौन से तत्त्व हैं जो शोर मचा रहे हैं।

आपकी कहानियों पर मुख्यतः दो तरह के आरोप लगाये जाते रहे हैं। पहला यह कि उनमें आप अपने मित्रों और परिचितों का उपहास उड़ाते रहे हैं जैसा कि 'राम संजीवन की प्रेमकथा' में गोरख पांडेय, 'सायरन' और 'असत्य का भौतिक प्रमाण' में अशोक वाजपेयी, 'आचार्य की कराह' और 'आचार्य की रजाई' में मैनेजर पांडे, 'पीली छतरी वाली लड़की' में विद्यानिवास मिश्र और 'दिल्ली की दीवार' और 'साइकिल' में विभूति नारायण राय आदि...।

ये सारे आरोप साहित्यिक तो क़तई नहीं हैं। फिर ये निराधार भी हैं। 'राम सजीवन की प्रेमकथा' किसी व्यक्ति का उपहास उड़ाने वाली कहानी नहीं, ग्रामीण

पृष्ठभूमि से आये एक रोमांटिक लेकिन ईमानदार, पारदर्शी, क्रान्तिकारी और प्रेमी की विडम्बना और मार्मिक त्रासदी की गम्भीर कहानी है। यह किसी भी मध्यवर्गीय मार्क्सवादी के आदर्श और यथार्थ, उसकी बौद्धिकता और उसकी भावनात्मकता के अन्तर्विरोध की कहानी है। यह कहानी प्रेम और सामाजिक यथार्थ की एक जटिल लेकिन सशक्त 'एनॉलॉजी' निर्मित करती है। और यह भी सच है कि उसका मुख्य पात्र कोई और नहीं, मैं स्वयं हूँ। मैंने ही उसे रचा भी है। वह मेरी ही निर्मिति है। आज तक किसी भी साहित्यकार या पाठक ने ऐसा आरोप उस कहानी पर नहीं लगाया कि वह अमुक का मखौल उड़ाती है। राष्ट्रीय नाट्य विद्यालय के छात्रों ने राजधानी में इसे प्रख्यात रंगकर्मी देवेन्द्र राज अंकुर के निर्देशन में खेला। पिछले वर्ष माखन लाल चतुर्वेदी विश्वविद्यालय, भोपाल के छात्रों ने इसे मंचित किया। कई अन्य जगहों पर भी इसका नाट्य रूपान्तरण हुआ। यह युवाओं के बीच एक बहुत लोकप्रिय कहानी है। किसी ने कभी यह नहीं कहा कि यह कहानी किसी ख़ास व्यक्ति पर आधारित है। जो लोग ऐसा कर रहे हैं वे स्वयं उन व्यक्तियों का अहित कर रहे हैं, जिनके समर्थन का वे दम्भ भरते हैं। इन आरोपों के पीछे बहुत से असाहित्यिक कारण होंगे। जहाँ तक अपने आप के व्यक्तियों और चरित्रों को आख्यान कर विषय बनाने का प्रश्न है, तो एक अन्य समाचार-पत्र में मैं पहले भी इसका उत्तर दे चुका हूँ। हर कथाकार या रचनाकार अपने समय और यथार्थ से ही अपने पात्रों का चयन करता है। लेकिन रचना में आते ही वे पात्र वास्तविक जीवन के पात्र नहीं रह जाते। वे एक कला की आन्तरिक संरचना के अवयव बन जाते हैं। उनमें एक प्रतिनिधिकता आ जाती है। 'दिल्ली की दीवार' और 'साइकिल' के पुलिस पात्र दो अलग-अलग पात्र हैं। उन दोनों की एक साथ एक किसी व्यक्ति से समानता हो ही नहीं सकती। 'दिल्ली की दीवार' का पुलिस अफ़सर एक भ्रष्ट, रिश्वतखोर और शराब की पार्टी देकर अपनी साहित्यिक महत्त्वाकांक्षाओं की पूर्ति करने वाला अपराधी पुलिस अफ़सर है। अगर उसको किसी ख़ास व्यक्ति के साथ 'आइडेंटिफाइ' किया गया है, तो यह मेरे लिए एक सूचना है। देखिए एक बात मैं बहुत सख़्ती के साथ कहना चाहता हूँ। किसी भी रचना को किसी एक पात्र की पाठेतर अवस्थिति तक रिड्यूस कर देना और फिर उस पर अनर्गल विवाद पैदा करना, यह जिन लोगों का भी धन्धा हो, साहित्य और रचनात्मकता के लिए यह ठीक नहीं है। रही बात मैनेजर पांडेय और विद्यानिवास मिश्र आदि की। इस पर मैं हँस सकता हूँ 'आचार्य की कराह' या 'आचार्य की रजाई' दरअसल शिक्षा के संस्थानों में पनपे भ्रष्टाचरण और पतनशीलता की रूपकात्मक कथाएँ हैं। मैं नहीं कह सकता कि मैनेजर पांडेय जैसे विद्वान और गम्भीर आलोचक का उससे कोई सम्बन्ध है। यह सच है कि कनाडा के मानितोबा विश्वविद्यालय के छात्रों ने एक ऐसे प्रोफ़ेसर को अपने यहाँ खोजा था। और इलाहाबाद तथा अन्य

विश्वविद्यालयों में भी ऐसी ही स्थिति है। देखिए मेरी कहानी के 'आचार्य' हमारे समय और यथार्थ के पतनशील संस्थानों के एक प्रतिनिधि चरित्र हैं। प्रतिभाओं के उन्मूलन, जातिवाद, भाई-भतीजावाद, षड्यन्त्र और अपने चेलों की पंजीरी-पद वितरण का काम कोई एक मठाधीश नहीं कर रहा है। जो तत्त्व इसे डॉ. मैनेजर पांडेय के साथ जोड़ रहे हैं, वे दो काम कर रहे हैं। पहला—इसके द्वारा वे शिक्षा जगत में व्याप्त भ्रष्टाचरण को छुपाना चाहते हैं। और दूसरा वे इसे व्यक्तिगत आग्रह-दुराग्रह की कहानी बता कर उसकी सार्वभौमिकता और प्रतिनिधिकता को समाप्त कर देना चाहते हैं। मैनेजर पांडेय का मैं सम्मान करता हूँ और अगर आपको याद हो 'पीली छतरी वाली लड़की' का लोकार्पण उन्होंने ही किया था। ऐसा लगता है कि यह एक ऐसा समय है, जिसमें आप अमरीकी साम्राज्यवाद और सत्ता के पूँजीवाद के विरुद्ध तमाम अमूर्त क्रान्तिकारी बने रहेंगे। लेकिन जैसे ही आपने भ्रष्टाचार को अपनी रचना का विषय बनाया, आप पर हमले शुरू हो जायेंगे। इससे भ्रष्टाचार की संस्कृति तक व्याप्ति और लेखकों के एक वर्ग द्वारा उसकी स्वीकृति का प्रमाण सा मिलता लगता है। आपने अपनी कहानी में एक भी ऐसा चरित्र गढ़ा, वह तुरन्त किसी न किसी से आइडेंटिफाइ हो जायेगा। मुझे दुष्यन्त का शे'र याद आ रहा है—मत कहो आकाश में कोहरा घना है। यह किसी की व्यक्तिगत आलोचना है।

दूसरा आरोप यह है कि आप विश्व के महान कथाकारों से सीधे-सीधे आइडिया ले लेते हैं जैसा कि 'पीली छतरी वाली लड़की' में तितली के स्वप्न को लेकर डॉ. रवि भूषण ने विस्तार से लिखा भी है। सुधीश भूषण ने विस्तार से लिखा भी है। सुधीश पचौरी ने भी कुछ ऐसा ही लिखा था?

ये लोग बहुत विद्वान लोग हैं। और गुटबाज तो कतई नहीं हैं। अगर ऐसा कह रहे हैं, तो मुझे भी इसकी छानबीन करनी पड़ेगी। 'पीली छतरी वाली लड़की' के बारे में रायपुर के लेखक सम्मेलन में यह कहा गया था कि उसके 'पैराग्राफ़ के पैराग्राफ़' ज्यों के त्यों बोर्खेस की किसी रचना से उड़ा लिए गये हैं। लगभग पचास मिनट का भाषण था। इसके बाद 'कथादेश' में जो चार पेज का स्पष्टीकरण छपा वह यह था कि नहीं हमने तो यह नहीं कहा था। फिर उसमें अष्टावक्र की तरह छद्म शोधार्थी की मुद्रा बनाकर कहा गया कि हमने तो बोर्खेस के एक कथन के बारे में पचास मिनट तक ज़िक्र किया था यह उत्तर भी दिल्ली में, एक किसी क्रान्तिकारी कहे जाने वाले राजनीतिक दल की बैठक में सम्मिलित रूप से तैयार किया या। इनमें से कुछ लोग अब भ्रष्ट संस्थानों और उनके मठाधीशों द्वारा सम्मानित हैं। अब आप उस तथाकथित 'कथन' का उदाहरण देखिए—'तितली का स्वप्न', मैं आपसे ही यह प्रश्न पूछता हूँ और आपका जवाब भी मुझे चाहिए कि

क्या 'कथन' है? यानी स्टेटमेंट? हर कोई जानता है कि किसी भी कथन के लिए कम से कम एक पूरा वाक्य तो चाहिए। वैसे उसी स्पष्टीकरण में उन्होंने यह भी स्वीकार किया कि 'कथन' भी बोर्खेस ने चीन की लोककथा और कनफ्यूशियन नीतिकथा से लिया था। यानी अर्जेंटीना के बोर्खेस ने उसे चीन से चुराया। ठीक उसी तरह जिस तरह तुलसीदास ने रामचरितमानस वाल्मीकि के रामायण से चुरा लिया था। और वाल्मीकि भी, ऐसे लोगों के अनुसार गर्हित साहित्यकार ही थे जो रावण, कुम्भकर्ण, मारीचि, मेघनाद आदि अपने समकालीन व्यक्तियों का चरित्र हनन कर रहे थे। मैं अन्तिम बार इस बात को सख़्ती के साथ कहना चाहता हूँ कि आप कोई आरोप किसी पर तभी लगायें, जब उसके पीछे तथ्य और वास्तविकता हो। तितली का स्वप्न एक अवधारणा है, कथन नहीं। उसी तरह जैसे—अहिंसा, माया, यथार्थ, समाजवाद, लोकतन्त्र, प्रगतिशीलता, पूँजीवाद आदि-आदि अवधारणाएँ हैं। इनमें से कोई ऐसा मौलिक पद नहीं है, जिनमें से एक का भी आविष्कार उपर्युक्त विद्वानों ने किया हो। अगर ऐसे तर्कहीन और अनर्गल आरोपों को पत्रिकाओं के सम्पादक सिर्फ़ किसी रचनाकार को कष्ट पहुँचाने और उसकी छवि का 'हनन' करने के निमित छापने लगेंगे तो भयावह स्थिति पैदा होगी। तब तो कोई भी लेखक एक वाक्य नहीं लिख पायेगा। वाक्य छोड़िए हर शब्द स्वयं में एक अवधारणा है। अजित राय जी, अगर आपने समाजवाद या लोकतन्त्र या किसी भी शब्द का आइन्दा प्रयोग किया तो मैं आप पर चोरी का आरोप लगा दूँगा। एडम स्मिथ, रूसो, मार्क्स, लोहिया आदि-आदि तमाम विचारकों द्वारा प्रयुक्त शब्द का इस्तेमाल आप बिना 'इनवर्टेट कॉमा' के कर रहे हैं। मुझे तो गम्भीरता से लगता है कि भारत सरकार की जो परियोजना है 'रिक्लेमेशन ऑफ़ बेस्टलैंड' वह इसने ज़रूर प्रख्यात अंग्रेज़ी कवि टी.एस. इलियट की सुप्रसिद्ध कविता 'बेस्टलैंड' से चुराई है। गाँधी बब्बा ने भी तॉल्सतॉय से बहुत सारा माल चुरा लिया था। नेहरू आदि तो थे ही पक्के चोर। कैम्ब्रिज का सोशलिज्म उड़ा ले आये थे। मार्क्स ने फायरबाख का सारा मालमत्ता लपेटकर उसे पुनर्निर्मित करके उसमें डायलेक्टिक्स की ब्लैडिंग की थी। और वह भी उसने हेगेल से चुराया था। और ये उत्तर-आधुनिकता? किसकी अवधारणा है? सम्भवतः यूपी के हाथरस या मथुरा के पंडों ने इसका आविष्कार किया होगा।

संक्षेप में मैं यही कहना चाहूँगा कि इन आरोपों के पीछे एक निश्चित बौद्धिक गैर-ईमानदारी है। इसका ताज़ा उदाहरण है 'वर्तमान साहित्य' का नया अंक। इसमें मेरी कहानी 'छप्पन तोले का करधन' को मार्क्वेज़ के उपन्यास 'लव इन दि टाइम ऑफ़ कॉलरा' से उठाया गया, बताया गया है। आरोप लगाने वाले का बौद्धिक स्तर यह है कि उसने मार्क्वेज़ के उपन्यास का शीर्षक तक गलत लिखा है। इस कहानी को इन्हीं तत्त्वों ने पहले वरिष्ठ कथाकार मिथिलेश्वर की किसी

कहानी की नकल बताया था। इसके बाद श्री रामनिहाल गुंजन की किसी कहानी का। फिर मृणाल सेन की किसी फ़िल्म का। फिलहाल अब यह मार्क्वेज़ के एडेज इन दि टाइम...से चुराया गया माल कहा है। मुझे डॉ. रामविलास शर्मा से जुड़ा एक प्रकरण याद आता है। प्रेमचन्द की लोकप्रियता से खीझे एक आलोचक ने उसकी तुलना विश्व के अन्य साहित्यकारों से करते हुए कहा—'प्रेमचन्द तो आंद्रेई मालरोक्स, गेई डी भोपासांट, लिऊ टोलोसटोयो आदि की तुलना में दूसरे-तीसरे दर्जे के लेखक सिद्ध होते हैं। इस पर डॉ. रामविलास शर्मा की टिप्पणी थी कि पहले आप विदेशी साहित्यकारों के सही नाम लिखने की तमीज तो पैदा कीजिए, उसके बाद प्रेमचन्द के साथ उनकी तुलना कीजिए। बताइए, 'ए डेज इन दि टाइम ऑफ़ कॉलरा' जैसा कौन सा उपन्यास मार्क्वेज़ ने लिखा है। फिर तीसरे दर्जे के अंग्रेज़ी पढ़ने वाले बच्चे से भी पूछिए कि वह कौन सी अंग्रेज़ी है जिसमें 'ए' के साथ 'डेज' यानी डे का बहुवचन लग सकता है? सच्चाई यही है कि तमाम साहित्यिक समारोहों में सम्मानित और पुरस्कृत तथा हमारे समय के दिग्गज आलोचकों और मठाधीशों द्वारा सैकड़ों समीक्षकों में प्रशंसित ये तत्त्व लेखक या साहित्यकार हैं ही नहीं। और जो लोग अपने लाभ-लोभ से उन्हें साहित्यकार बना रहे हैं, वे हिन्दी भाषा और साहित्य का बहुत बड़ा अहित कर रहे हैं।

आपकी कहानी 'पीली छतरी वाली लड़की' ने एक नयी बहस को जन्म दिया है। इसे भारत ही नहीं पाकिस्तान और दुनिया के कई देशों में व्यापक लोकप्रियता मिली है। इसका नायक समाज पर काबिज ब्राह्मणवादी व्यवस्था का विरोधी है पर उसका यह विरोध कोई ठोस रूप नहीं ले पाता। कहानी का नायक राहुल एक ब्राह्मण लड़की अंजली जोशी से प्रेम करता है और संभोग के क्षणों में भी प्रतिशोध की भावना से संचालित होता है। उसके मन में अपनी प्रेमिका को जीतने का भाव है। क्या यह एक टिपिकल मध्यवर्गीय पुरुषवादी मानसिकता नहीं है और प्रकारान्तर से ब्राह्मणवाद को ही मज़बूत नहीं करता?

अवश्य मज़बूत करता होगा, उसकी तरह जिस तरह माना जाता है कि संसार भर के समाजवादी आन्दोलनों और क्रान्तियों ने अन्ततः पूँजीवाद को ही मज़बूत किया। उसी तरह जैसे हमारे देश में राष्ट्रवादी क्रान्तिकारिता ने पश्चिमी साम्राज्यवाद, नव औपनिवेशिकता को ही अन्ततः मज़बूत किया। रही बात राहुल के मध्यवर्गीय और पुरुषवादी होने की तो उसमें गलत क्या है? राहुल मध्यवर्गीय और पुरुषवादी ही है। वह नारीवादी और सर्वहारा वर्ग का पात्र ही नहीं है। और अंजली जोशी के साथ उसका सहवास एक रचनात्मक रूपक है। काम सम्बन्धों का एक जटिल सांस्कृतिक और राजनीतिक रूपक। लेकिन वह बलात्कार नहीं, अन्ततः एक पराजित प्रेम ही है, जो दोनों के बीच परिघटित होता है। आज के समय और यथार्थ में किया जा

रहा एक त्रासद प्रेम। मुझे आश्चर्य यही होता है कि पीली छतरी वाली लड़की में राहुल के साथ ब्राह्मणवाद या सत्ताकेन्द्रित मनुवाद ने जो कुछ किया, इस कहानी के प्रकाशित होने के बाद वैसा ही सब कुछ उसके लेखक यानी मेरे साथ भी हो रहा है। इसी एक तथ्य से उस कहानी के सामाजिक सत्य के बारे में आप अन्दाज़ा लगा सकते हैं। बस अभी तक किसी यात्रा में राहुल की तरह मेरा वध नहीं हो पाया है। लेकिन वह भी हो ही जायेगा। कम से कम साहित्यिक वध का प्रयत्न तो किया ही जा चुका है। बहुत से कृपाचार्य, द्रोणाचार्य और शिखंडी अपने-अपने गँडासों से इस रचना का रक्त पोंछ रहे हैं। राहुल के भीतर सहवास के पल जो प्रतिशोध की भावना है, यह ध्यान रखें कि वह सिर्फ़ एक मानसिक अवस्था भर है। राहुल के भीतर चलने वाला अन्तर्द्वन्द्व। अंजली जोशी उससे अनभिज्ञ है और उसके लिए वह राहुल के उद्‌दाम प्रेम की ही अभिव्यक्ति है। वह राहुल के उस तथाकथित प्रतिशोध से सुख और आनन्द ही प्राप्त करती है। दूसरे अर्थों में यह किसी ऐसे प्रतिशोध की सामाजिक निरर्थकता का प्रतीकांकन भी है। इस कहानी में वह सारा प्रसंग एक गहरे और गम्भीर विवेचना और अनुवीक्ष्ण की माँग करता है। लेकिन उसकी जैसी दुर्व्याख्याएँ इस बीच कुछ निहित सवर्णवादी और निहित स्वार्थों वाले आलोचकों द्वारा की गयी, वह चिन्तनीय तो है ही, हिन्दी आलोचना की बौद्धिक और अकादेमिक स्तर का भी खुलासा वह करती है। जिस भाषा का प्रयोग और जिस तरह के झूठ का सहारा बार-बार इस कहानी के बारे में लिया गया, वह समकालीन हिन्दी आलोचना की दशा और दिशा का गम्भीर सूचक है। 'पागल कुत्ता', 'हिन्दी साहित्य का उन्मल साँड़', 'नकलची', 'व्यक्ति केन्द्रित कहानी लिखने वाला', 'बलात्कारी', 'योनि खोजी आदि-आदि। लेकिन अगर आप वस्तुपरकता के साथ देखें तो ये आरोप और यह भाषा मुश्किल से आधा-एक दर्जन उन तथाकथित लेखकों (जिनमें से एकाध अब बड़े साहित्यिक पुरस्कार भी जुगाड़ चुके हैं) के गुट द्वारा लगाये गये हैं। वे ये लोग हैं, जिनकी सामाजिक अवस्थिति चाहे जो हो, सम्पर्क आदि कितने भी ऊँचे हों, इन्होंने अपने जीवनकाल में एक भी ऐसी रचना नहीं लिखी है, जो हिन्दी साहित्य के पाठकों की स्मृति में दर्ज हो। साहित्य में पुरस्कार और प्रतिष्ठा का पतित शॉर्टकट तलाशते ये लोग इतने ताकतवर हैं कि सम्भव है वे अब मेरा कुछ भी लिखना प्रतिबन्धित करवा दें। बल्कि दिल्ली के कुछ दलाल लेखकों ने जिन्होंने सार्वजनिक संस्थानों से अपनी मीडियॉक्रिटी के बावजूद भरपूर लाभ उठाया है, ऐसी अपील भी की है। दूसरी ओर, 'पीली छतरी वाली लड़की' के पात्र राहुल के संघर्ष और उसके असफल भावुक प्रेम के साथ नयी पीढ़ी के असंख्य युवाओं ने अपनी यन्त्रणाओं को साझा किया है। इस कहानी की अभूतपूर्व लोकप्रियता और तथाकथित व्यावसायिक सफलता के पीछे इसी पीड़ा और यन्त्रणा की भूमिका है।

कुँवर नारायण

नक़्क़ारख़ाने में तूती की आवाज़ की तरह साहित्य बचा रहेगा

आपको दिल्ली सरकार की हिन्दी अकादमी ने अपना सबसे बड़ा सम्मान 'शलाका सम्मान' दिया है। कैसा लग रहा है?

मेरे लिए पुरस्कार से सम्मानित होना एक ऋण की तरह है जिसे अपने काम को और आगे बढ़ाते हुए चुकाना है। जब भी कोई पुरस्कार मिला तो मैंने आत्म-परीक्षण ज़रूरी समझा। क्या मैं वह सब कह चुका जो मुझे कहना था और क्या यह पुरस्कार मेरे अन्तिम मूल्यांकन का संकेत है? या यह सम्मान मेरे लेखन में नये सिरे से रुचि का द्योतक है? अपने लिए यह मानकर चलने में अधिक आश्वासन अनुभव करता हूँ कि मेरे लेखन को जो भी मान्यता मिली या आज मिल रही है वह शायद ऐसे कुछ तत्त्वों या दृष्टिकोण के लिए, जिससे मनुष्य की अस्मिता, मर्यादा और उसी आत्मशक्ति को स्वतन्त्र रूप से पहचानने और परिभाषित करने की ज़रूरत पर आग्रह रहा है।

आप हिन्दी के उन गिने-चुने लेखकों में हैं, जो कभी किसी अनावश्यक विवाद या कभी किसी होड़ में नहीं रहे, फिर भी आपको अब तक ज्ञानपीठ को छोड़ सभी पुरस्कार मिल चुके हैं। क्या आपको हिन्दी साहित्य का 'अजात शत्रु' कहा जाये?

तुम चाहो तो ऐसा कह सकते हो। ज़िन्दगी और लेखन के प्रति मेरा एक निश्चित नजरिया रहा है। मैं समाज में एक लेखक की गरिमा और स्वायत्तता में विश्वास करता रहा हूँ और ज़िम्मेदारी में भी। लेकिन इसका मतलब यह नहीं कि मैं किसी से असहमत नहीं होता।

आपने अमेरिका के आयोबा विश्वविद्यालय का 'लेखक प्रवास' फैलोशिप क्यों लौटाया था?

मैंने लौटाया नहीं था बल्कि उनकी एक शर्त मानने से इनकार कर दिया था। मैं कुछ साल पहले सोवियत संघ और चीन के दौरे पर गया था। यह बात मेरे 'बायो डाटा' में अंकित थी। उन लोगों ने अनुबन्ध-पत्र में मुझसे लिखकर देने को कहा

कि 'अब सोवियत संघ और चीन से मेरा किसी तरह का सम्बन्ध नहीं है।' इसे मैंने अपनी लेखकीय स्वायत्तता और आज़ादी के ख़िलाफ़ मानते हुए उन्हें लिखकर देने से इनकार कर दिया। उन्होंने मुझे फैलोशिप देने का प्रस्ताव वापस ले लिया। कोई भी, किसी भी कारण से एक लेखक होने के मेरे स्वायत्त क्षेत्र में मुझे कैसे डिक्टेट कर सकता है?

'कबीर सम्मान' के वक़्त आपने एक कविता सुनाई थी, 'तट पर हूँ तटस्थ नहीं हूँ' पर एक अर्से से आप लेखक की वैचारिक प्रतिबद्धता से असहमत रहे हैं। आपका एक लेख भी है 'साहित्यकार विचारधारा को लेकर हमेशा समर्पित नहीं होता।' साफ़तौर पर पूछूँ तो मार्क्सवाद से आपकी क्या असहमतियाँ हैं?

एक विचार के रूप में मार्क्सवाद से मेरी कोई असहमति नहीं है। मैं मानता हूँ कि आज मार्क्सवाद पहले से ज़्यादा प्रासंगिक है। वह हमारे आज जीवन की प्रकृति में हवा और पानी की तरह घुलमिल गया है। उसके लिए किसी संगठन या संस्था की ज़रूरत मैं महसूस नहीं करता। जैसे किसी उपग्रह को अन्तरिक्ष में लांच करने के बाद राकेट नष्ट हो जाता है, उसकी भूमिका ख़त्म हो जाती है, उसी तरह समाज में विचार को लांच करने के बाद संगठन या संस्थान की उपयोगिता ख़त्म हो जाती है। आज मार्क्सवाद हमारे आचार-विचार का हिस्सा बन गया है तो फिर हमें उसे 'मठ और गढ़' में क्या बदलना चाहिए। उसका संस्थान बनाने की क्या ज़रूरत है। यह राजनीतिक विचारधारा है, जो हमेशा पक्ष-प्रतिपक्ष बनाकर चीज़ों को देखती है जबकि साहित्य समाजवेशी होता है। मेरा मानना है कि एक लेखक को विचारधाराओं से संवाद करना चाहिए। प्रतिबद्ध या अनुयायी होने और संवाद करने में अन्तर होता है। एक और उदाहरण दूँ—भारतीय विचार परम्परा और आज की कर्मकांडी धार्मिक परम्परा में अन्तर है। कबीर भारतीय विचार परम्परा है जो धार्मिक कर्मकांडी परम्परा के कितने बड़े आलोचक हैं।

कुछ वर्ष पहले साहित्य अकादेमी में संवत्सर व्याख्यान देते हुए आपने कहा था कि हिन्दी आलोचना सीमित और जड़ हो गयी है।

हाँ, मुझे याद है। हिन्दी आलोचना का संकट है कि वह ज्ञान के दूसरे अनुशासनों से संवाद नहीं कर रही है। इसलिए उसमें नये शब्द नहीं आ रहे हैं। अभी अमर्त्य सेन की एक किताब आयी है—'दि इंडियन आर्गुमेंटेशन'। वे एक अर्थशास्त्री हैं लेकिन संस्कृति पर किताब लिखी है। हमारे आज के हिन्दी आलोचक दूसरे विषयों—जैसे भूगोल, इतिहास, जीव विज्ञान, पर्यावरण आदि की किताबें नहीं पढ़ते। अधिक हुआ तो राजनीति की किताब पढ़ ली। मैं राजनीति का विरोधी नहीं हूँ। उसके बिना हमारा काम नहीं चल सकता, पर वह दुरुस्त राजनीति होनी चाहिए और थोड़ी

मानवीय भी। इससे हमारी सोच गलत हो गयी है कि हम हमेशा दो में से एक को चुन लेते हैं और उसके पक्ष में हो जाते हैं। इसका असर साहित्यिक आलोचना पर पड़ा है। पिछले पचास सालों में इस सोच के कारण बेमतलब बेतहाशा ऊर्जा का अपव्यय हुआ है। हम बहुलता को क्यों न स्वीकार करें।

आपने एक लेख में नामवर सिंह की आलोचना पद्धति से असहमति जताई थी। आपको उनसे क्या असहमति है?

उनके जैसे समझदार और प्रतिभाशाली आलोचक बहुत कम हैं। वे मेरे काफ़ी पुराने मित्र हैं। पर वे मार्क्सवाद के अच्छे प्रवक्ता हैं। वे एक विचारधारा के प्रवक्ता हैं पूरे हिन्दी साहित्य के प्रवक्ता नहीं हैं। जैसे डॉ. रामविलास शर्मा का 'स्टैंड' (मत) एक 'स्टैंड' है, वह पूरे हिन्दी साहित्य का 'स्टैंड' नहीं हो सकता। जब तक हम कई समीक्षा-दृष्टियों का इस्तेमाल नहीं करेंगे। साहित्य की सम्पूर्ण समीक्षा-दृष्टि या पद्धति कैसे विकसित होगी? हमने समीक्षा को ही सीमित कर दिया कि जो नामवर सिंह कह रहे हैं वही अन्तिम है।

और राजेन्द्र यादव के 'दलित-स्त्री विमर्श' के बारे में?

साहित्य में अलग कैटेगरी बनाने से ज़्यादा ज़रूरी है कि सामाजिक न्याय होना चाहिए। जहाँ भी शोषण और अन्याय हो वहाँ उसके ख़िलाफ़ आवाज़ उठनी चाहिए। इसे आप सैद्धान्तिकी में न भी बाँधें तो भी दलितों और स्त्रियों की आवाज़ें आ रही है। आनी चाहिए। इसे मैं सामाजिक न्याय से जोड़ता हूँ।

तो साहित्य में आप किस सोच के हिमायती हैं?

समाजवेशी और सांस्कृतिक। दरअसल मार्क्सवाद के असर में जीवन का सामाजिक, आर्थिक पक्ष ज़रूर उभरा पर बहुत सारा पक्ष पीछे छूट गया। अब सारी दुनिया में नव इतिहासवादी चीज़ों को सांस्कृतिक नजरिए से देखने की कोशिश कर रहे हैं। जिसकी शुरुआत रेमंड विलियम के विचारों से हुई थी। मैं कहता रहा हूँ कि साहित्य का अपना तरीका है। सोचने का और राजनीति का अपना। हमने सोचने के राजनीतिक तरीके को अपना लिया जबकि होना उलटा चाहिए था। तब राजनीति हो सकती थोड़ी मानवीय होती। हमें अपनी सोच का तरीका बदलने की ज़रूरत है। राजनीति हमेशा बाँटकर देखती है जबकि साहित्य समाजवेशी होता है। राजनीति की गलत सोच का असर आज जीवन, समाज, नैतिकता और साहित्य पर हो रहा है। नामवर जी ने एक साक्षात्कार में मेरी इसी सोच के लिए मुझे 'सन्तुलनवादी' कहा है।

आज के नये दौर में क्या साहित्य बचेगा? आप चीज़ों को कैसे देख रहे हैं?

यह सवाल बार-बार पूछा जाता है। इसका जवाब मैं अपने एक शे'र में देता

हूँ—'सुना है कि कविता वही अब बचेगी, ज़रा हाशिए को भी रखना नज़र में।' यही हाशिया कबीर का राम-झरोखा है, जहाँ से वे संसार को देखते हैं। साहित्य भीड़-भाड़ की चीज़ नहीं हाशिए की चीज़ है। भक्त कवि किसी दरबार में नहीं गये—गली-कूचों में रहकर लिखा। मिर्ज़ा ग़ालिब बल्ली-मारान में रहे। कविता का अस्तित्व जेनेटिक है, इसलिए वह मरेगी नहीं। हमारे जीवन को और बहुत-सी चीज़ों ने छेक रखा है। धैर्य ख़त्म हो रहा है। हमें हर चीज़ तुरन्त चाहिए। इस 'तुरन्ताभाव' और ख़ास हड़बड़ी के कारण साहित्य के प्रति लेखकों में असन्तोष बढ़ा है। साहित्य थोड़ा इत्मीनान माँगता है। पहले जीवन में इत्मीनान था—इसलिए साहित्य को थोड़ा मौक़ा मिलता था। अब एक सामान्य जीवन जीना भी मुश्किल होता जा रहा है। फिर भी साहित्य हमारे भीतर बचेगा। पढ़ने का संस्कार ख़त्म नहीं होगा। हमें थोड़ा उम्मीद के साथ इन्तज़ार करना चाहिए। ब्रेख्त कहते थे—'बुरे वक़्त में बुरे वक़्त की कविता होगी।' हो सकता है कि यह कविता का बुरा वक़्त है, पर कविता इससे बाहर आयेगी।

आज बाहर का शोर इतना छा गया है कि हमने अपने भीतर की चीज़ों को खोजना छोड़ दिया है। चारों ओर शक्ति का भीषण अपव्यय। मूर्ख पत्र-पत्रिकाओं की भरमार है। एक आध को छोड़ कुछ भी पढ़ने लायक नहीं। सिनेमा जैसी सशक्त विधा सतही मनोरंजन में सीमित हो गयी है। हमारे चारों ओर साहित्य और सिनेमा, कला और रंगमंच में गुणवत्ता का घोर अभाव है। नये प्रकाशन तन्त्र ने अराजकता पैदा कर दी है। कूड़ा हो जा रही हैं अधिकतर साहित्यिक किताबें और पत्रिकाएँ। विडम्बना यह है कि 'कूड़ा' को ही हाईलाइट किया जा रहा है। आज लोग धड़ल्ले से कुछ भी लिखकर छपवा देते हैं। मेरी सलाह है कि आप यदि ज़िम्मेदार लेखक हैं तो पाठक के समय का आदर करना सीखिए। फिर भी मेरा मानना है कि इस नये ज़माने में भी नयी तरह की कविता ज़रूर बची रहेगी। नक़्क़ारख़ाने में तूती की आवाज़ की तरह और हाशिए पर साहित्य बचा रहेगा...और कहीं नहीं तो हमारे भीतर।

केदारनाथ सिंह-1

नींद से उठें तो हमारे घर आ जाइए

हाल ही में फ्रेंच भाषा में आपकी कविताओं का एक चयन प्रकाशित हुआ है। इसका लोकार्पण पेरिस में हुआ, जिसमें आपको भी आमन्त्रित किया गया था। वहाँ के कैसे अनुभव रहे?

दुनिया में फ्रांस ऐसा अकेला देश है जो कला और संस्कृति को सबसे अधिक महत्त्व देता है। वहाँ जिस करेक्टर प्रकाशन ने मेरी किताब प्रकाशित की है, उसने मुझे इतनी रायल्टी दी जितनी हिन्दी में अब तक नहीं मिली है। मैं कहना चाहूँगा कि फ्रेंच समाज में रचनाकारों और कलाकारों की जितनी क़द्र की जाती है, वह अद्भुत है। मॉरीशस मूल की एक स्त्री ने मेरी कविताओं का अनुवाद किया है। उसने अपने युवा दिनों में एक फ्रेंच पुरुष से शादी की थी। उनके दो बच्चे हुए। कुछ समय बाद उसका पति उसे छोड़कर कहीं चला गया। तमाम परेशानियों के बीच उसने जिस साहस से बच्चे पाले और साहित्य का काम किया, मैं उसका सम्मान करता हूँ। उसने मुझे पेरिस घुमाया। वहाँ अंग्रेज़ी से काम नहीं चलता। फ्रेंच जानने वाला कोई साथ हो तो बड़ी सुविधा हो जाती है। मैं कई बार कई देशों में गया हूँ, लेकिन इस बार की यात्रा बड़ी आत्मीय थी।

इस यात्रा की वैसे तो ढेर सारी यादें हैं, पर मैं केवल दो प्रसंगों की चर्चा करना चाहता हूँ। हम फ्रांस के और दुनिया के दो महान लेखकों में से एक ज्याँ पाल सार्त्र की क़ब्र देखने गये। इसके लिए टिकट खरीदना पड़ा। मैंने देखा कि कई लोग उनकी क़ब्र पर मेट्रो के टिकट और पास चढ़ाकर चले गये थे। वे अपने इस लेखक को इतना प्यार करते हैं कि उनका मानना है, 'अभी आप सो रहे हैं। नींद से उठें तो हमारे घर आ जाइए।' यह सार्त्र की ज़िन्दा क़ब्र थी।

एक दिन हम उस रेस्त्राँ में गये जहाँ, सार्त्र अक्सर बैठकर लिखते-पढ़ते थे। उस कुर्सी पर बैठने के लिए लम्बी लाइन लगी थी जिस पर कभी सार्त्र बैठा करते थे। मेरी अनुवादिका ने जब मैनेजर को बताया कि भारत से एक महत्त्वपूर्ण कवि आये हैं, तो उसने गर्व के साथ इस बात की सार्वजनिक घोषणा की और मुझे बिना लाइन के सार्त्र की कुर्सी तक ले गया। मैं बता नहीं सकता कि सार्त्र की उस कुर्सी पर बैठकर मुझे कितना आह्लाद हुआ। क्या हम भारत में ऐसा कुछ नहीं कर सकते।

फ्रांस जाने से पूर्व आप साहित्य अकादेमी के प्रतिनिधिमंडल में चीन गये थे। वहाँ आपको कैसा अनुभव हुआ?

मुझे यह बात हमेशा चमत्कृत करती थी कि चीन जैसे विशाल देश में यह कैसे हुआ कि पिछले तीन हज़ार साल से एक ही भाषा छायी रही और जो वहाँ जनता और सत्ता दोनों की भाषा है। भारत की तरह वहाँ जनता और सत्ता की भाषा दो नहीं हैं। वहाँ मुझे एक भाषाशास्त्री मित्र ने बताया कि चीन ने यह भाषिक एकता कई छोटी भाषाओं को दबाकर अर्जित की है। वहाँ ऐसी लगभग सात सौ भाषाएँ हैं, जो छोटे-छोटे समुदायों में बोली जाती हैं, पर उन्हें सरकार की स्वीकृति नहीं है। मेरा मानना है कि एक भाषा का मरना एक पूरी संस्कृति का मरना है। वैश्वीकरण के चलते भाषाओं के मरने की प्रक्रिया तेज़ हो सकती है।

इस यात्रा में जब हम कुछ युवा चीनी लेखकों से बात कर रहे थे, तो मुझे एहसास हुआ कि हमारी इस समूची साहित्य-संस्कृति पर लिखते समय पश्चिम का जो जबर्दस्त दबाव रहा है, वह आगे कम होता जायेगा। एक युवा चीनी लेखक ने इस बात पर हलका-सा आश्चर्य प्रकट किया हम लोग नोबेल पुरस्कार को इतना अधिक महत्त्व क्यों देते हैं। उनके अनुसार इस पुरस्कार का निर्णय पश्चिम का अपना मामला है जिसमें राजनीति भी शामिल है और उनका सांस्कृतिक पूर्वाग्रह भी। उनकी बातों में यह संकेत था कि अपने साहित्य के आकलन के लिए हमें मानव-मूल्यों का सृजन अपने भीतर से ही करना होगा और बेशक इसके लिए पश्चिम के सर्टिफ़िकेट की कोई ज़रूरत नहीं है। मुझे उस युवा चीनी लेखक की बातों में आने वाले समय में एशियाई लेखकों की सोच की दिशा का संकेत मिलता है।

आपने कई यूरोपीय देशों की यात्राएँ की हैं। वहाँ आपकी उन कविताओं को कैसे लिया जाता है जो ग्रामीण जीवन से जुड़ी हैं?

पश्चिमी यूरोप में गाँव ख़त्म हो गये हैं। गाँव की नहीं, वहाँ कई चीज़ें अब स्मृतियों का हिस्सा हैं। वहाँ चिड़ियाघर को छोड़कर जंगली पशु कहीं नहीं दिखाई देते। जब मेरी पुस्तक 'बाघ' का इटालियन में अनुवाद छपा तो वहाँ उन ढेरों पाठकों ने उसमें दिलचस्पी दिखाई जिन्होंने बाघ देखा ही नहीं था। यही बात गाँवों के बारे में भी कही जा सकती है। वहीं के एक मनोचिकित्सक काव्यप्रेमी ने बताया कि उन्होंने मेरी पुस्तक 'टाइग्रे' (बाघ का इटेलियन नाम) की दर्जनों प्रतियाँ खरीदकर अपने मरीजों को उपहार में दीं। पूर्वी यूरोप में अभी गाँव बचे हुए हैं, इसलिए वहाँ की कविता भारतीय कविता के ज़्यादा करीब है।

दुनिया के बहुत सारे देशों में आपने कविता पाठ किया है। मैं केवल एक कविता 'बनारस' के बारे में ख़ासतौर पर जानना चाहता हूँ कि उस पर श्रोताओं की कैसी प्रतिक्रिया रही?

मेरे लिए यह विस्मयकारी है कि विदेशों में लोगों ने इस कविता को कितनी गहराई से ग्रहण किया। एक छोटे से अमेरिकी शहर सांताफे में मेरे साथ पाब्लो नेरूदा के प्रसिद्ध अनुवादक नेथेलियन टॉर्न ने जब 'बनारस' कविता का अंग्रेज़ी अनुवाद पढ़ा तो श्रोताओं में बैठी एक अधेड़ अमेरिकी महिला रोने लगी। मैं चकित हुआ क्योंकि इस कविता में ऐसा कुछ भी नहीं है, जिससे रोना आये। मुझे लगा कि जिसे बनारस का जादू कहा जाता है वह सिर्फ़ उन्हीं के लिए नहीं है, जिसने उसे देखा है, बल्कि उनके लिए और भी ज़्यादा है, जिसने उसे नहीं देखा है।

हावर्ड विश्वविद्यालय में इस कविता को पढ़कर जब मैं नीचे उतरा तो प्रसिद्ध मराठी कवि अरुण कोल्हटकर ने मेरा ध्यान एक बूढ़े की ओर खींचा जो भीड़ में पीछे खड़ा मेरा ऑटोग्राफ चाहता था। उसने अपनी नोटबुक में हिन्दी में हस्ताक्षर के साथ बनारस कविता की एक पंक्ति लिखने का अनुरोध किया। मैं फिर कहना चाहता हूँ कि यहाँ भी बनारस शहर का जादू काम कर रहा था, मेरी कविता का नहीं।

आप कई बार मास्को भी गये हैं। वहाँ की कोई न भूलने वाली याद?

कई साल पहले जब सोवियत संघ का विघटन नहीं हुआ था, भारतीय कवियों के दल में मैं काव्यपाठ करने मास्को गया था। राइटर्स यूनियन के सभागार में काव्यपाठ चल रहा था। मंच पर हम अर्द्धवृत्ताकार बैठे थे। मेरी बगल में एक को छोड़कर एक मोटा व्यक्ति बैठा हुआ था। मैंने अपनी सुन्दर महिला अनुवादक से पूछा तो उसने बताया कि ये रसूल हमज़ातोव हैं। मैं बहुत ही आह्लाद से भर गया। 'मेरा दागिस्तान' के मशहूर लेखक मेरी बगल में बैठे थे। मैंने मंच पर कविता पढ़ने से पहले उनकी तारीफ़ में कुछ कहा तो देर तक तालियाँ बजती रहीं। वे उन दिनों कम्युनिस्ट पार्टी के प्रेजेडियम के सदस्य थे। मुझे बताया गया कि वहाँ हर जगह जिस ख़ास नस्ल के लोगों का वर्चस्व था, रसूल उससे अलग होने के कारण भेदभाव के शिकार थे। फिर भी वह मुलाक़ात यादगार थी।

केदारनाथ सिंह-2

विज्ञापन की भाषा कविता के लिए चुनौती है

केदार जी, आप लगभग पचास साल की काव्य-यात्रा पूरी कर चुके हैं। इस बीच हिन्दी कविता में कई बदलाव आये जिनके आप गवाह रहे हैं। इस पूरे दौर और प्रक्रिया को आप किस तरह देखते हैं?

आश्चर्य होता है कि मैंने पचास साल की काव्य-यात्रा पूरी की और आज भी कम से कम इतना काव्य-राग तो बचा ही हुआ है कि आपसे कविता के बारे में बात कर रहा हूँ। जिस समय में हम जी रहे हैं उसमें यह छोटे-मोटे चमत्कार की तरह लगता है कि मैं पचास साल से कविता लिख रहा हूँ। इतनी लम्बी शब्द-यात्रा के बाद भी मैं, अब भी, स्वयं को एक ऐसे यात्री की तरह महसूस करता हूँ जिसका एक पैर हवा में और दूसरा अब भी ज़मीन कहाँ है जहाँ अगला पग रखा जाये। मैं बहुत गहराई और एक रचनाकार के भीतर की सम्पूर्ण विनयशीलता के साथ लगातार महसूस करता हूँ कि मैंने जो कुछ थोड़ा-बहुत किया है उसको लेकर मैं अमरता का कोई भ्रम नहीं पालता। उसकी (अपने कवि-कर्म की) सीमाएँ और उसके भीतर के छिद्र मैं जानता हूँ। कभी डब्ल्यू.एस. ऑडेन ने कहा था—शायद अपनी चुनी हुई कविताओं के संकलन की भूमिका में—कि चार तरह की कविताएँ होती हैं। एक, वे कि जिनके बारे में इनके सिवा कुछ नहीं कहा जा सकता कि वे हैं। दूसरी, कि काश वे न होतीं। तीसरी, वे जिनके साथ काश कि मैंने थोड़ा धैर्य के साथ बर्ताव किया होता और चौथी, वे जो हमेशा न्यूनतम होती हैं, जिनके प्रति एक रचनाकार कृतज्ञ होता है। मैं बराबर अपने से प्रश्न करता हूँ कि क्या मेरे पास ऐसा कुछ न्यूनतम है जिसके प्रति मैं कृतज्ञ हो सकूँ। हर बार एक नये प्रकार का असन्तोष पैदा होता है और वहीं मुझे अगली कविता के लिए शक्ति प्रदान करता है।

आपकी कविताओं में भारत के, विशेषकर पूर्वांचल के, ग्रामीण जीवन के प्रति कुछ अतिरिक्त मोह या नॉस्टेल्ज़िया जैसा भाव सतत मौजूद रहा है, जबकि आज उसके यथार्थ में विद्रूप और अमानवीयता के काफ़ी तत्त्व जुड़ चुके हैं?

मेरे मन में गाँव के प्रति प्यार है, मोह नहीं। मैं गाँव को यूटोपिया नहीं मानता। उसे उसके गुण-दोषों के साथ देखता हूँ। मैं यह भी मानता हूँ कि बड़े शहरों का

आदमी जिन अनेक सुविधाओं के साथ रहता है उनका विकास गाँव की कीमत पर ही हुआ है। यह आकस्मिक नहीं है कि पिछले कुछ वर्षों से किसानों के बीच एक बेचैनी पैदा हुई है। कई किसानों ने आत्महत्या तक की है। मुझे यह सारा परिदृश्य बेचैन करता है। तब मुझे गाँव और शहर के बीच गहरे असन्तुलन से बनी खाई और गहरी और अँधेरी लगने लगती है। इस दशा में मेरे भीतर के रागतत्त्व का पलड़ा अगर गाँव की तरफ़ झुकता है तो आश्चर्य क्या?

बाज़ार ने दुनिया-भर में कविता की भाषा और चरित्र को बदल दिया है। रूस में वोजनेसेंस्की जैसे कवि अप्रासंगिक हो गये हैं और कई नये कवियों की लोकप्रियता बढ़ी है। कनाडा में टामसन हाइवे जैसे नाटककार ख़ासे लोकप्रिय हो रहे हैं जिनकी भाषा 'शुद्ध-साहित्यिक' तो नहीं ही है। भारत में कबीर की लोकप्रियता को बाज़ार ने नयी शक्ति दी है। आप क्या सोचते हैं?

यह सच है कि भाषाओं पर और हिन्दी भाषा पर भी बाज़ार का प्रभाव कई रूपों में दिखाई पड़ रहा है। मीडिया की भाषा तो पूरी तरह से बाज़ारग्रस्त दिखाई पड़ती है। मीडिया के लिए इससे बचना सम्भव भी नहीं है। पर जहाँ तक कविता की भाषा का सवाल है तो यह इतना सीधा-सादा सवाल नहीं है। यह सही है कि बाज़ार हमारे समय की एक बड़ी ताकतवर वास्तविकता है। पर नहीं भूलना चाहिए कि उसके बरअक्स नहीं, बल्कि उसके और पूरे जनजीवन के भीतर रग-रेशे की तरह समाई हुई भाषा भी एक बहुत बड़ी वास्तविकता है। यह इतनी बड़ी वास्तविकता है कि बाज़ार चाहे भी तो भाषा के बिना ज़िन्दा नहीं रह सकता जबकि भाषा की प्रकृति में वह अन्तर्निहित शक्ति होती है कि वह बाज़ार के साथ भी ज़िन्दा रहे और बाज़ार के बिना भी ज़िन्दा रह सके। असल में ऐसी भाषा जिसमें बाज़ार की तरफ़ से आनेवाले नये अभिप्राय, विज्ञापनों के नये प्रतीक और ढलते हुए बहुत से नये मुहावरे एक नये प्रकार की रचनात्मक उत्तेजना की सृष्टि कर रहे हों, समकालीन लेखक की सर्जनात्मक ज़रूरत का हिस्सा हो सकती है और यह बिल्कुल स्वाभाविक है। मुझे लगता है कि आज सृजन की भाषा को सबसे बड़ी चुनौती विज्ञापनों की ओर से मिल रही है और बेशक नये लेखकों को पूरी क्षमता के साथ इस चुनौती का सामना करना होगा।

एक बात और, यह पूरी तरह सच नहीं है कि दुनिया-भर की कविता की भाषा को बाज़ार ने पूरी तरह बदल दिया है। थोड़ा बहुत मैं जो विश्व कविता को जानता हूँ उसके आधार पर कह सकता हूँ कि लगभग हर भाषा की कविता में एक छोटा-सा हिस्सा ज़रूर है जो बाज़ार से प्रभावित भाषा में लिखा जा रहा है। यह सच है कि रूस में वोजनेसेंस्की जैसे कई कवि अब फ़ैशन में नहीं हैं, पर आज के पाठकों के बीच अन्ना अखमातोवा और पास्तरनाक की लोकप्रियता यह

प्रमाणित करती है कि कविता की पसन्द के पैमाने और उसका अभिग्रहण करने वाली अभिरुचि बाज़ार के नियमों से संचालित या निर्धारित नहीं हो रही है। कमोबेश हिन्दी में भी यही स्थिति है।

भारत में ही नहीं, बल्कि अरब, ईरान होते हुए स्पेन तक छन्दों, लय और गेय कविताओं की एक समृद्ध पट्टी रही है। पश्चिमी प्रभाव ने कविता को जिस तरह गद्यात्मक बनाया है उससे क्या वह कृत्रिम और विजातीय नहीं हो गयी है? क्या कविता में छन्द की वापसी होनी चाहिए?

यह एक बड़ा सवाल है और थोड़ा परेशान करने वाला भी। दुनिया की भाषाओं के इतिहास में शायद यह पहली बार घटित हुआ है कि एक भाषा (हिन्दी) में लिखी जाने वाली सारी महत्त्वपूर्ण कविता लगभग गद्य में या एक ख़ास तरह की वृत्तग्रन्धी गद्य में लिखी जा रही है। यह सही है कि विश्व की अन्य भाषाओं में कविता छन्द में और गद्य में साथ-साथ अब भी लिखी जा रही है। पर कुछ अपवादों को छोड़ दें तो हिन्दी में छन्द हाशिए पर है। मैं इस स्थिति को सुखद और स्वास्थ्यकर नहीं मानता। ऐसा क्यों और कैसे हुआ, इसके कारणों को पाश्चात्य प्रभाव के बजाय हमें खड़ी बोली की हिन्दी कविता का जो लयात्मक ढाँचा है, जिसे द्विवेदी युग में निर्मित किया गया एवं छायावादी कवियों ने जिसे एक नये सांगीतिक ढाँचे में ढाला—उसकी सीमाओं के भीतर खोजा जाना चाहिए। इसकी छानबीन अब तक की नहीं गयी है। पर शायद हिन्दी कविता ने मात्रिक छन्द के जिस ढाँचे को स्वीकार किया उससे अपेक्षित लचीलेपन की गुंजाइश कम थी। निराला ने पहली बार उस ढाँचे को तोड़ा और यह अकारण नहीं है कि इसे तोड़ते हुए वे जिस लयविधान की ओर गये वह मात्रिक छन्द के सख़्त व्याकरण के बजाय वर्णिक छन्दों के मन्थर प्रवाह वाली लयप्रणाली के भीतर से आया था। पर शायद निराला को बाद में लगा कि इससे भी समस्या का पूरी तरह समाधान नहीं हो पा रहा है। यह अकारण नहीं है कि निराला ने ही पहली बार गद्य की लय वाली कविता का आभास पिछले दौर की अपनी कुछ कविताओं में दिया था। पर यह नहीं भूलना चाहिए कि मुक्त छन्द एवं गद्य की लय के प्रवर्तक निराला अपना सर्वोत्तम योगदान छन्द में ही दे रहे थे। निराला के इस द्वैत को समझने की ज़रूरत है और शायद इसी के भीतर हिन्दी कविता के भावी विकास की कुंजी छिपी है।

नेहरू युग तक शायद गाँधी के प्रभाव से भारत में गाँव राजनीति और विमर्श के केन्द्र में रहे। उसके बाद से लगातार शहर और मध्यवर्ग सत्ता के केन्द्र में आता गया। हिन्दी कविता भी शहरी मध्यवर्ग की प्रवक्ता बनती गयी और जनपदीय चिन्ताएँ पीछे छूटती चली गयीं। इस परिघटना को आप किस रूप में देखते हैं?

मेरा मानना है कि जिस मध्यवर्ग की चर्चा की जाती है उसकी एक ख़ास भारतीय बनावट है। इस बनावट में शहरी मध्यवर्ग के समान्तर एक ग्रामीण मध्यवर्ग का भी विकास हुआ है और पिछले तीस वर्षों में वह और ताकतवर हुआ है। इन दोनों की आशाएँ-आकांक्षाएँ एक सीमा तक मिलती-जुलती हैं, पर कुछ स्तरों पर एक स्पष्ट पार्थक्य भी है। शायद इस वास्तविकता की अभी ठीक-ठीक पड़ताल नहीं की गयी है। जहाँ तक कविता का सवाल है तो बेशक उसका एक अच्छा-ख़ासा हिस्सा सिर्फ़ शहरी मध्यवर्ग और उसमें भी एक छोटे से हिस्से की दिलचस्पी का विषय है जो निरन्तर सिकुड़ रहा है। इसलिए भारतीय मध्यवर्ग को इंग्लैंड, अमेरिका, जर्मनी जैसे देशों के मध्यवर्ग की अपेक्षा रूस जैसे देशों के मध्यवर्ग के समान्तर देखा जाना चाहिए जहाँ अपने समय की अन्तर्वस्तु के निर्माण में गाँव एवं शहर दोनों की सक्रिय भूमिका रही है।

आज की हिन्दी कविता में कोई नया, विलक्षण और बड़ा अनुभव क्यों नहीं आ रहा है? कविता आज इतनी इकहरी क्यों है? क्या यह एक ठहराव का दौर है?

कविता में इस तरह के एकसेपन की बात पहले भी की जाती रही है। एक हद तक यह बात सच है, पर सिर्फ़ एक हद तक ही। अगर महत्त्वपूर्ण कवियों—और किसी भी युग में ऐसे कवियों की संख्या अधिक नहीं होती—की भाषा, वैचारिक बनावट एवं उसके पीछे सक्रिय संवेदना का तुलनात्मक अध्ययन किया जाये तो वहाँ एकसापन नहीं मिलेगा। हर युग की कविता अपने समय को व्यक्त करने वाले कथारूपों एवं प्रतीकों की खोज करती है। मुक्तिबोध की 'अन्धेरे में' और श्रीकान्त वर्मा की 'मगध' कथारूपक हैं जो केवल कवि के मनोभाव को ही नहीं, अपने समय को भी व्यक्त करते हैं। ऐसे अधिक सर्वाश्लेषी रूपकों एवं प्रतीकों की खोज की ओर आज की कविता का झुकाव नहीं है—इस तरह का सामान्यीकरण किया जा सकता है। पर इससे यह सम्भावना कहाँ निरस्त होती है कि कोई बड़ी प्रतिभा वाला सर्जक अचानक एक विराट प्रतीक या रूपक को लेकर हमारे सामने उपस्थित हो जायेगा। मैं आज के पूरे काव्य-परिदृश्य को इसी रूप में देखता हूँ और अदृश्य की सम्भावना के लिए थोड़ी-सी उम्मीद हमेशा बचाये रखता हूँ।

भारतीय साहित्य में आज हिन्दी कविता को कहाँ रखा जा सकता है? खुद हिन्दी समाज को उसकी कितनी ज़रूरत है?

हिन्दी कविता आज कहाँ खड़ी है, इसका तुलनात्मक अध्ययन करने की स्थिति में मैं अपने को नहीं पाता। मुझे केवल इतना पता है—जैसा कि अन्य भाषाओं के लेखकों-कवियों से मिलने पर पाता हूँ कि उनमें हिन्दी कविता की दुनिया के प्रति गहरी उत्सुकता है। इसका प्रमाण हिन्दी कविता के दूसरी भाषाओं में होने वाले

अनुवाद हैं। हिन्दीतर पाठक को यह एहसास लगातार हो रहा है कि हिन्दी कविता की दुनिया में गहरी रचनात्मक उथल-पुथल जारी है।

यह सच है कि हिन्दी समाज में हिन्दी कविता लगभग हाशिए पर है। ऐसा कहते हुए पीड़ा भी होती है कि आज की हिन्दी कविता उस हद तक भी समाज की ज़रूरत एवं उसकी अभिरुचि का हिस्सा नहीं बन सकी, जिस हद तक छायावादी कविता बन सकी थी। इसका बड़ा कारण यह है कि कविता में एक ख़ास तरह का विशेषीकरण उसके ढाँचे, अन्तर्वस्तु और रचना-प्रक्रिया में आ गया है। आज की कविता शुद्ध रूप से पाठ्य कविता बन गयी है जबकि उसकी प्रकृति में ही निहित है कि वह जितनी पाठ्य उतनी श्रव्य होगी। कविता को लगातार ज़िन्दा रहने के लिए समाज की आँख एवं कान दोनों का विषय बनना चाहिए।

नागार्जुन के बाद–त्रिलोचन को छोड़ दें तो–क्या कारण है कि आज हिन्दी में कवि तो कई हैं, पर कोई कवि-व्यक्तित्व नहीं है?

अलग से कवि-व्यक्तित्व जैसी कोई अवधारणा एक रूमानी अवधारणा है। छायावाद में कल तक यह बात थी भी, पर बाद के इतिहास में जो बहुत सी नयी बातें घटित हुईं, उससे अलग से दिखाई पड़ने वाले कवि-व्यक्तित्व का हमेशा-हमेशा के लिए लोप हो गया। पर इसके कारण काव्य-जगत में कोई रिक्तता नहीं आयी, बल्कि खुला और उन्मुक्त वातावरण बना जिसमें कोई भी कवि-व्यक्तित्व इतना वर्चस्वशाली नहीं था कि किसी अन्य कवि को अपनी छाया से ढक ले। यह पिछले तीस वर्षों के काव्य-परिदृश्य की महत्त्वपूर्ण सकारात्मक घटना है जिसे रेखांकित किया जाना चाहिए। आज हर कवि पहले एक सामान्य नागरिक हैं, उसके बाद वह कवि है।

('जनसत्ता' : 29 अक्तूबर 2000)

दूधनाथ सिंह

अच्छी कहानी पर आम सहमति प्रायोजित ही होती है

इधर आपकी दो कहानियाँ–'नमो अन्धकारम' (हंस) और 'निष्कासन' (कथादेश) में एक वजह यह है कि इनमें आपने अराजक तरीके से वामपन्थ का मज़ाक़ उड़ाया है। शायद इसी वजह से 'हंस' के सम्पादक राजेन्द्र यादव ने 'निष्कासन' को छापने से इनकार कर दिया था। आपके निशाने पर वामपन्थ ही क्यों है जबकि अन्य राजनीतिक पार्टियों की स्थिति भी कोई बहुत अच्छी नहीं है?

'निष्कासन' के बारे में राजेन्द्र यादव के दो पत्र आये थे। उन पत्रों में वामपन्थ की आलोचना के कारण कहानी को अस्वीकृत करने का ज़िक्र नहीं था। उन्होंने कहानी की तारीफ़ की थी। उन्होंने सिर्फ़ यह कहा था कि शार्दुल विक्रम सिंह को वामपन्थी की बजाये एक विचारधारा रहित अध्यापक ही रहने दूँ। कोई भी लेखक अपनी रचना को किसी दूसरे की सलाह पर बदल भी सकता है और नहीं भी बदल सकता है। मैंने बदलने का निर्णय किया। मैं यह मानता हूँ कि वामपन्थ में भी अवसरवाद के नजरिए झलकते हैं। जो आदमी अपनी ज़िन्दगी के बहुमूल्य वर्षों में चुप रहकर और सोच-विचारकर वामपन्थ को अपनाएगा, उसका भी यह धर्म बनता है कि वह अवसरवादी वामपन्थियों की धज्जियाँ उड़ाये क्योंकि उनसे ही वामपन्थ को ज़्यादा ख़तरा होता है। 'निष्कासन' में यह मैंने सोच-समझकर किया है। और इसको ध्यान से पढ़ा और समझा जाना चाहिए कि उत्तर भारत में वामपन्थी राजनीति के क्षरण के वास्तविक कारण क्या हैं? मैंने उनकी ओर ध्यान दिलाया। अपनी कमज़ोरियों से बचने का तरीका उन्हें छिपाना नहीं उनको जानना और उन्हें जड़ से उखाड़ फेंकना और उनके प्रति आत्मालोचना है। अगर लोग चाहते हैं कि उन्हें छिपाकर रखा जाये, तो उसका नतीजा भुगतना होगा। मैंने इशारा भर किया और लोगों की गलतफ़हमी का शिकार हुआ। मैं यथार्थ और सत्य को चित्रित करने वाला लेखक हूँ। मैं अपनी ज़िम्मेदारियों से कैसे भाग सकता हूँ। लोग जानते हैं कि मैं सच बोल रहा हूँ। लेकिन उलटे मुझे दोषी ठहराया जा रहा है। एक लेखक के नाते मुझे निष्पक्ष होना ही चाहिए। तभी मैं सच को सच कह सकता हूँ। जो मुझे अराजक समझते हैं वे अराजकता का अर्थ नहीं ज़ानते।

'निष्कासन' के बारे में नामवर सिंह का कहना है कि इसकी सबसे बड़ी कमज़ोरी यह है कि इसके निष्कर्ष पहले से ही निश्चित कर दिये गये हैं जिसे साबित करने के लिए सारा ताना-बाना बुना गया है। मेरा सवाल है कि दलित राजनीति के बारे में आपने जो स्थापित किया है वह क्या एक वर्चस्ववादी विमर्श नहीं है जो वास्तविक राजनीतिक स्थितियों से मेल नहीं खाता? क्या दलित राजनीति सचमुच इतनी पराजित और दिशाहीन हो गयी है कि एक दलित लड़की को न्याय नहीं दिला सकती और उसे आत्महत्या पर मजबूर होना पड़े? क्या एक दलित लेखक इस कहानी को ऐसे ही लिखता?

नामवर सिंह ने क्या कहा है कि मैंने अपनी आदत के मुताबिक नहीं पढ़ा। वे हिन्दी कहानी के सबसे बड़े आलोचक हैं। उनको जैसा लगा होगा, उन्होंने वैसा ही कहा होगा। लेकिन मेरे पास तो कोई सामग्री नहीं थी जैसे किसी कहानी को लिखते वक़्त नहीं होती। मैं नोट्स लेकर कहानियाँ नहीं लिखता। एक चमक के साथ पहला वाक्य आता है और धीरे-धीरे कहानी एक अँधेरे से बाहर आकर मूर्त होती है। वह अक्सर मेरी रचना में टेढ़ी-मेढ़ी रेखाओं में उठती गिरती चलती है। मुझे न अन्त का पता होता है न मध्य का। 'निष्कासन' के भी मैंने चार अन्त किये थे और अन्त में मैंने लड़की की थकान, असफलता और असहायता के चलते उसके आत्मवध को वरीयता दी। यह कहानी की माँग थी। हर कलाकृति अपने अन्त की प्रतीक्षा करती है। लेखक को कलाकृति का तर्क मानना ही चाहिए। मैंने यही किया। मैंने चौंकाने के लिए कलम नहीं पकड़ी हुई है। मैंने वही किया जिसके लिए कथा ने मुझे मजबूर किया।

जहाँ तक दलित प्रश्न का सवाल है तो सच्चाइयों से कतराना नहीं चाहिए। सत्ता का स्वाद चखे हुए जो लोग हैं, क्या वे अपने भाइयों की मदद करते हैं? मानवाधिकार आयोग या महामहिम राज्यपाल या दक्षिणपन्थी पार्टी में घुसा हुआ एक बड़ा दलित नेता या न्यायपालिका किसकी मदद करती है? इन लोगों का वर्ग चरित्र और लिजलिजापन और अवसरवाद और शब्द और कर्म में द्वैत और एक अन्धी उदासीनता इन सबकी ओर ध्यान दिलाना मेरी एक लेखकीय ज़िम्मेदारी थी। मैं खानों में बाँटकर कैसे देखता कि यह दलित है तो इसके कोई अन्तर्विरोध नहीं होंगे और यह वामपन्थी है तो इसके भी कोई अन्तर्विरोध नहीं होंगे। मैं अख़बार के लिए लेख नहीं लिख रहा था। मैं चरित्रों के साथ एक कलाकृति से जूझ रहा था। मेरे चारों ओर एक लड़की की हाय और चीख फैली हुई थी। एक कहानी के साथ मेरा जीना-मरना था।

मैं जानता हूँ कि यदि इस कहानी को ओमप्रकाश वाल्मीकि या कोई और दलित लेखक लिखता तो कहानी का क्या होता। कठमुल्लापन और चीज़ों को खानों

में बाँट कर देखना, परिस्थितियों और चरित्रों के अन्तर्विरोध और छन्द की ओर से आँखें मूँद लेना—एक लेखक या कथाकार का नष्ट हो जाना है। फिर 'निष्कासन' में सिर्फ़ दलित का प्रश्न ही नहीं था दलित मुक्ति के लिए चीखने वाले उस समाज और उन विचारधाराओं के प्रवक्ताओं का भी प्रश्न था जिनकी कथनी और करनी में अन्तर है। अगर सब कुछ इतना ही साफ़-सुथरा होता तो एक कलाकृति की ज़रूरत ही क्यों पड़ती?

आपकी कहानियों पर इस वजह से भी विवाद होते रहे हैं कि उनमें आपके आसपास के चरित्रों को हम पहचान लेते हैं। मसलन कहा जाता है कि 'नमो अन्धकारम' के मुख्य चरित्र वरिष्ठ कथाकार मार्कण्डेय हैं जबकि 'हुंडार' में रामकमल राय हैं। यही नहीं इनमें आप भी होते हैं। दूसरों को तो आप बहुत पतित दिखाते हैं जबकि खुद को पाक साफ और ऐसे व्यक्ति के रूप में चित्रित करते हैं जैसे भारी विवशता में आपको कोई गलत काम करना पड़ता है। 'नमो अन्धकारम' में आपने एक महिला के व्यभिचार का वर्णन किया है जबकि आप खुद इसमें शामिल रहे हैं।

यह दुर्घटना इसलिए घटित हुई क्योंकि साहित्यकारों की बिरादरी बहुत छोटी है। जिन लोगों के बारे में आपने कहा उनमें से किसी का भी चित्र इन कहानियों में मौजूद नहीं है। घटित अनुभव के बहुत सारे प्रसंग इन कहानियों में ज़रूर लिए गये हैं। कोई पात्र अच्छा है या बुरा है—यह तो कहानी की संरचना पर निर्भर करता है। वह एक कल्पित संसार है जिसमें रंग भरने और यथार्थ का संस्पर्श देने के लिए बहुत सारी चीज़ें जुटाई गयी हैं। अगर, जैसा आप कह रहे हैं, वह सही है तो इसका अर्थ यह हुआ कि लोग जानते हैं कि उस गन्दगी को उजागर न किया जाये—इसे पर्दे के भीतर ही रखा जाये। लेकिन हज़ारों कहानियों जैसे प्रेमचन्द, यशपाल या मोहन राकेश की जिनके पात्रों और चरित्रों को आप नहीं जानते, उनके बारे में यह सवाल क्यों नहीं उठाते कि बुराई और कुकर्म को उजागर मत करो। एक लेखक से लगातार यह कहा जा रहा है कि बुरे को बुरा कहना या दिखाना पाप है। इसके लिए लगातार उसे पीटा जा रहा है। रवीन्द्र कालिया—जो बुनियादी तौर पर शैलेश मटियानी का हत्यारा है, जो कांग्रेस की दलाली करता रहा और अमेठी के गेस्ट हाउस में बैठकर सिलाई मशीनें बाँटता रहा, जो संजय सिंह का चमचा था—उसने अपने घर पर एक दारोगा को शराब पिलाकर मुझे फ़ोन करवाया कि "मैं तुम्हें सड़क पर घसीटकर गोली मार सकता हूँ।" इस बात को सत्य प्रकाश मिश्र जानते हैं। उसने 'गंगा-जमुना' में कृष्ण मोहन से लेख लिखवाया—'खिल्ली उड़ाने का पैशाचिक उल्लास'। ये लोग हैं जो आज बगुला भगत बने हुए हैं, जो काले को भी उजला बताते हैं—एक लेखक पर ये लोग बन्दिशें लगाते हैं कि उसे यह लिखना चाहिए। एक लेखक का काम बुराई पर से पर्दा हटाना होता है। लेखन शुभ और अशुभ

नहीं, सच्चाई देखता है। लेकिन ऐसे कठमुल्ला...ब्राह्मणवादी साधु इन दिनों हिन्दी में भरे हुए हैं जिन्हें सब कुछ उजला दिखाई देता है। वे चाहते हैं कि बुराई को छिपाए रखा जाये। दुनिया उन्हें उजली और अग्रगति में दिखाई देती है। ये सोच-समझकर बने हुए सावन के अन्धे हैं। दरअसल सवाल यह नहीं है कि क्या लिखना और क्या नहीं लिखना चाहिए। सवाल इस पर खड़ा किया जाता है कि एक लेखक को नैतिक ग़ुस्सा भी आना चाहिए था या नहीं। मैं बार-बार कह चुका हूँ कि 'नमो अन्धकारम' या 'निष्कासन' सिर्फ़ कहानियाँ हैं, सिर्फ़ रचनात्मक सच्चाइयाँ हैं, लेकिन लोग नहीं मानते। उनका दबाव है कि मुझे अपना नैतिक ग़ुस्सा हमेशा के लिए नष्ट कर देना चाहिए। मैं मरना पसन्द करूँगा लेकिन इस तरह की नाजायज सलाहें मानने से मैं इनकार करता हूँ। मैं बूढ़ा हो गया हूँ और कला का धर्म जानता हूँ। अगर लोग मुझे मारना ही चाहते हैं तो मैं कहता हूँ कि बलिवेदी पर हाजिर हूँ।

जहाँ तक कहानी में आत्मचित्र का सवाल है तो वह भी एक अतिसंवेदनशील आदमी की पतनगाथा ही प्रस्तुत करता है जिसके तथाकथित विशुद्ध प्रेम की खोज एक व्यभिचार की पतन गाथा में ख़त्म होती है। इसलिए अगर आप उसे लेखक का आत्मचित्र मानते हैं तो वह भी उतना ही पतित और भ्रष्ट है जितना और लोग। दरअसल यह 'नमो अन्धकारम' आज़ादी के बाद खाते-पीते मध्यवर्ग की गिरावट और पतन का एक राजनीतिक शोक गीत है जिसको मेरे मरने के बाद आने वाली पीढ़ियाँ समझेंगी जब मेरे हत्यारे भी नहीं रहेंगे।

आपके रचनात्मक मानस के निर्माण में किन लेखकों का योगदान रहा? आपके लिए आखिर लेखन का मतलब क्या है?

इसमें प्रमुखतः दो लेखकों का योगदान रहा है। पहले हैं लेव तोलस्तोय, जिनकी किताबों का मैं धर्मग्रन्थ की तरह पाठ करता हूँ जिन्होंने मुझे वृत्तान्त की गरिमा, उसके फैलाव और उसकी संरचना का गहन अर्थ समझाया। दूसरे हैं राजेन्द्र सिंह बेदी जिनकी कहानियों को पढ़कर मैंने वाक्य-दर-वाक्य और संवाद-दर-संवाद रचने की गहन क्षमता का प्रशिक्षण पाया। पढ़ने के लिहाज से कथा-साहित्य मेरी प्रिय विधा नहीं है। कविताएँ मुझे ज़्यादा रुचती हैं और अच्छी आलोचना मुझे बहुत पसन्द है। अल्बेयर कामू, फ्रैंज़ काफ़्का और ओसाम दजाई मेरे प्रिय लेखक हैं। इन्हें पढ़ते हुए मैंने अपनी स्मृतियों और चारों ओर के जीवन में अपनी रचनात्मक अनुभूतियों को खोजना पाना रचना प्रारम्भ किया। लिखना और मित्रों के बीच गप यह मेरे जीने की विधि है। लिखने के पीछे कुछ पाने या खोने का इन्तज़ार नहीं रहता। एक नैतिक ग़ुस्से की भड़भड़ाहट है जो बार-बार मेरे भीतर तोड़-फोड़ मचाती है और मुझे लिखने के लिए मजबूर करती है। लोग ज़माने के हिसाब से और अपनी बुद्धि के मुताबिक उसमें तरह-तरह के अर्थ खोजते हैं। लेकिन मेरी तकलीफ़ कोई नहीं

समझता। यह एक रचनात्मक युद्ध है। अपने आपसे, समाज, राजनीति और ज़माने की हवा से है जो मैं लड़ रहा हूँ और लड़ते हुए धीरे-धीरे मैं मारा जा रहा हूँ। मेरी इस मृत्यु को कोई नहीं समझता।

लेखन का यह सिलसिला कैसे शुरू हुआ? आखिर आप लेखक ही क्यों बने?

इसका कोई स्थूल कारण ढूँढ़ना मुश्किल है। मैं तब (1956-57) इलाहाबाद विश्वविद्यालय में पढ़ता था। धर्मवीर भारती मेरे गुरु थे। उन्होंने मुझे हिन्दी विभाग की पत्रिका, 'कौमुदी' के लिए कुछ लिखने को कहा। मैं बी.ए. तक हिन्दी का छात्र न था। मेरी प्रथम भाषा उर्दू थी। मुझे उर्दू इसलिए पढ़ाई गयी कि मैं घर पर रहकर मुकदमा देखूँगा। बनारस से इलाहाबाद आकर मैंने अपने निर्माता धीरेन्द्र वर्मा की कृपा से हिन्दी में प्रवेश पाया। हिन्दी के कवियों-लेखकों को मैंने बिल्कुल नहीं पढ़ा था। एम.ए. में मैं डरा हुआ था। पूरे पाठ्यक्रम की पढ़ने-जानने की आपाधापी थी। इसी सिलसिले में मैं भारती जी के घर 6 हैमिलटन रोड अक्सर जाया करता था। उनके कहने पर मैंने अनजाने ही एक कहानी लिख दी—'चौकोर छाया चित्र'। भारती जी ने उसे छापा। वह कहानी अब मेरे पास नहीं है। उसके बाद वे मुझे 'परिमल' में ले गये। उन्होंने मुझे 'निकष' पढ़ने को दिया। तब मुझे पता चला कि यह 'अन्धायुग' का लेखक धर्मवीर भारती है। इस तरह मेरा कहानी लिखना अनजाने और अनायास ही शुरू हुआ। फिर कमलेश्वर और भीष्म साहनी ने 'नयी कहानियाँ' में मुझे लगातार छापा। सितम्बर 1963 में मेरी कहानी 'रक्तपात' के छपने पर हिन्दी जगत में धूम और खलबली मच गयी थी। एक हवा थी, लहर थी जिसने बहाकर मुझे दूसरे घाट ही लगा दिया था। फिर लिखना जीने की इच्छा का पर्याय बन गया। लिखते हुए भी आदमी मरता है पर वह मृत्यु न लिखने के सन्नाटे में मरने से बेहतर है। तो यही हुआ और यही हो रहा है। न अर्थ के लिए लिखता हूँ न यश, न प्रेम (स्त्री) के लिए। गुरुदेव रवीन्द्रनाथ ठाकुर के उस कथन का अनुगामी हूँ—'आमार कीर्ती रे आमि कोरि ना बिस्सास' (मैं अपनी कीर्ति में विश्वास नहीं करता)।

पर आप तो स्वयं को वामपन्थी लेखक मानते हैं और जनवादी लेखक संघ में हैं। 'परिमल' से मार्क्सवाद की यात्रा कैसे हुई?

दरअसल सन् 1960 के दौरान विचारधारा की दृष्टि से एक शून्य में हमारा लेखन चल रहा था। वह आत्मानुभूत अधिक था। हम सब लोग उसी पर निर्भर थे। ज्ञानरंजन की सारी अमर कहानियाँ आत्मानुभूत के कलात्मक और अनहोने ब्रश स्ट्रोक्स से उकेरे गये चित्र हैं। पर ज्ञानरंजन अन्ततः वामपन्थी राजनीति की ओर गये और मैं भी। काशीनाथ सिंह के पास अपने भइया (नामवर सिंह) के कारण एक वैचारिक सम्बल था। सन् '60 की हवा में उन्होंने भी 'लोग बिस्तरों' पर जैसी

आत्मानुभूत और फैंटेसीयुक्त कहानियाँ लिखीं जिनमें से कुछ निश्चय ही बहुत अच्छी हैं। वामपन्थ में मुझे दीक्षित करने का श्रेय मूलतः मार्कण्डेय और भैरव प्रसाद गुप्त को जाता है। उर्दू के प्रो. एहतेशाम हुसैन, अंग्रेज़ी के प्रकाशचन्द्र गुप्त और अर्थशास्त्र के प्रो. सुधीर मुखर्जी का भी इसमें बड़ा योगदान है। जिन्होंने मुझे मार्क्सवाद का बुनियादी प्रशिक्षण दिया। नज़र के कारण काफ़ी दिनों तक मुझे अपना लेखन स्थगित करना पड़ा क्योंकि 'ज़्यादा प्याज खाने के ख़तरे' भी थे। फिर भी वामपन्थ मेरे लिए एक धर्म की तरह है। उसके बिना जीवन की सच्चाइयों को रू-ब-रू जानने-समझने का हर प्रयत्न एक अमूर्तन और रहस्य की ओर ले जाता है और लेखक ऐसे खड्ड में गिरते हैं जहाँ से उनका निकलना कभी सम्भव नहीं होता।

क्या वजह है कि कहानियाँ कविताओं की तरह हिन्दी साहित्य के केन्द्र में नहीं हैं?

केन्द्रीयता का सवाल अशोक वाजपेयी और नामवर सिंह का है और यह साहित्यिक विधाओं में झगड़ा लगाना है।

एक अच्छी कविता की कसौटी को लेकर आम सहमति है पर कहानी में यह कसौटी आज तक तय नहीं हो पायी है। एक अच्छी कहानी की कसौटी क्या है?

कहानी के बारे में भी आम सहमति है। जो कहानियाँ विवादग्रस्त हैं वही अच्छी हैं। जैसे रद्दी कविताओं पर चर्चा नहीं होती वैसी ही रद्दी कहानियों पर भी चर्चा नहीं होती। कोई कहानी अच्छी है अगर इस पर आम सहमति है तो यह ख़तरनाक और घातक है और निश्चय ही प्रायोजिक है।

पिछले दिनों उदय प्रकाश ने कई ऐसी कहानियाँ लिखीं जिनमें सूचनाओं और तथ्यों को बाकायदा योजनाबद्ध तरीके से डाला गया। इस शैली की आलोचना हुई क्योंकि इससे यथार्थ की सहजता बाधित होती है और कहानियाँ गढ़ी हुई लगती हैं। आप क्या सोचते हैं?

दरअसल उदय प्रकाश पर मिथ्या आरोपों की बौछार होती रहती है। किसी भी बड़े लेखक के लिए आलोचक शनिचर का काम करते हैं। लोग यह नहीं समझते कि हिन्दी कहानी का विकास भारतेन्दु मंडल के निबन्धकारों के प्रगतिशील और क्रान्तिकारी तेवरों से हुआ। प्रेमचन्द जैसे बड़े लेखक की प्रेरणा किशोरी दास गोस्वामी का 'श्यामा स्वप्न' नहीं लाला श्रीनिवासदास का 'परीक्षागुरु' और बालमुकुन्द गुप्त तथा बालकृष्ण भट्ट के तीखे आदर्शात्मक निबन्ध थे। उदय प्रकाश की कहानियों में तथ्य एवं निबन्धात्मकता हमारे कथा-साहित्य की इस बड़ी परम्परा की लाइन में आती है। उदय प्रकाश को प्रेमचन्द से अलगाया नहीं जा सकता। वे अमूर्त ढाँचे के कथाकार नहीं हैं। हिन्दी में यथार्थ के क्रान्तिकारी और व्यंगात्मक रूप का विकास कथ्य और रूप के धरातल पर जिस दिशा में हो सकता था उसे सबसे गहराई से

चित्रित करने वाला यदि कोई है तो वे उदय प्रकाश ही हैं। उनकी निबन्धात्मकता में व्यंग्य की बड़ी तेज़ धार है। शब्दों, वाक्यों और वृत्तान्तों की व्यंजनाएँ बड़ी मारक हैं। यदि कहानी के बने-बनाये रूप को उनका यह कार्य यदि तोड़ता भी है तो यह कोई गुनाह नहीं है बल्कि एक बड़े विधान की तलाश है।

हमारी आज की कथा आलोचना के बारे में आपकी क्या राय है? विजय मोहन सिंह ने हाल ही में कहा है कि हिन्दी कहानी उपन्यास से पिछड़ रही है। क्या आप इससे सहमत हैं?

यह एक फतवा है और विजय मोहन सिंह की आदत के ख़िलाफ़ है। कहानी की आलोचना का संसार एक प्रायोजिक संसार है। हिन्दी में अच्छी आलोचना का अकाल है। लेन-देन ज़्यादा है। खुशफ़हमी आलोचनाएँ किसी को कुछ दिलाने के लिए लिखी जा रही हैं। मारामारी और निरर्थकता है। अच्छे शोधकर्ता भी केवल एक वीर भारत तलवार को छोड़ दूसरा नहीं नज़र आता। आलोचना का संसार ज़्यादातर पाठ्यक्रमों का संसार बनकर रह गया है। नामवर सिंह के बाद कहानी पर गम्भीरता से सिर्फ़ विजय मोहन सिंह बीच-बीच में सोचते हैं। उनकी पकड़ जबरदस्त है लेकिन आलस्य उनका दामन नहीं छोड़ता। वे प्रायोजिक आलोचना के शिकार नहीं हैं पर काशीनाथ सिंह (काशी का अस्सी—इंडिया टुडे) पर उनका लिखा हुआ मेरे कथन का अपवाद है। यहाँ एक बात कह दूँ कि महादेवी जी ने कहा था कि लेखकों को दो काम नहीं करना चाहिए। एक तो उन्हें बहुत ज़्यादा चिट्ठियाँ नहीं लिखनी चाहिए, दूसरे अपने बारे में कुछ भी लिखा हुआ नहीं पढ़ना चाहिए। मैंने उनकी दोनों बातें मान ली हैं।

इन दिनों आपका नया उपन्यास 'आखिरी कलाम' घोषित हुआ है। यह किस बारे में है?

'आखिरी कलाम' मैंने जायसी से लिया है। इस नाम से उनकी किताब है। जिसमें प्रलय और 'अन्तिम इंसाफ' का वर्णन है। उपन्यास की कथावस्तु में अपने तरह के प्रलय का वर्णन है। साम्प्रदायिक और फासिस्ट ताकतों के द्वारा एक प्रलय का दृश्य उपस्थित हुआ था 6 दिसम्बर 1992 को। इसमें वृत्तान्त के सारे पारम्परिक ढाँचे को मैंने ध्वस्त कर दिया है। इसका प्रारूप एक सफ़रनामे का है। इसमें कहानी के भीतर रक्तवाहिनी नाड़ियों की तरह बहती हुई कहानी है। कहानी को पाने और समझने के लिए किसी भी पाठक को विवरण के चल दृश्यों के भीतर घुसना पड़ेगा। यह सूक्तियों, बड़बड़ाहट, यायावरी और स्मृति के आसंगों के बीच घूमती हुई एक कहानी की ओर कथा में विरोध प्रदर्शन की चीख है। मेरा ख़याल है कि किसी भी राष्ट्र की जनता का बिखर जाना उतना ख़तरनाक नहीं होता जितना गलत कामों के लिए अन्धत्व के साथ संगठित हो जाना। हिन्दी औपन्यासिक गद्य में यह कहानी

एक 'स्वतन्त्रता आन्दोलन' है। यह उपन्यासों के चलते कलेवर में लिखा जाना सम्भव नहीं था।

यह उपन्यास स्मृति और विस्मृति के बीच में झूलते 83 साल के एक बूढ़े का 6 दिसम्बर 1992 को अयोध्या पहुँचने और अपने विरोध के ख़ास अन्दाज़ में मारे जाने की कथा है। यह बूढ़ा आन्ध्र प्रदेश के तेलंगाना आन्दोलन के ज़माने का एक वामपन्थी प्रोफ़ेसर है। उसके बहाने से इसमें बाबरी मस्जिद के ढहाने का एक फोटोग्राफिक चित्रण है। लेकिन इतना ही नहीं, इसमें कविता, भारतीय दर्शन, दक्षिणपन्थी और वामपन्थी राजनीति पर वक्तव्य और बहसें हैं। इसमें कहानी की एक भूलभुलैया है जो 'गृहजंजाल', 'प्रस्थापन पर्व', और 'देव श्मशान' में दिखाई देती है।

राजेश जोशी

यह हिन्दी का अन्धायुग है

जब आपका पहला कविता संकलन 'एक दिन बोलेंगे पेड़' प्रकाशित हुआ था, उस समय आपकी पीढ़ी का लक्ष्य काफ़ी स्पष्ट था। आप लोग भारत में एक वामपन्थी जनवादी क्रान्ति के लिए रचना के मोर्चे पर संघर्षरत थे। लेकिन इसी बीच सोवियत संघ का विघटन हो गया और दुनिया की स्थिति काफ़ी बदल गयी। 'एक दिन बोलेंगे पेड़' से लेकर आपके नये संकलन 'दो पंक्तियों के बीच' तक क्या आपकी काव्यदृष्टि में कोई बदलाव आया है? आप अब तक की अपनी काव्ययात्रा को किस रूप में देखते हैं?

हम जब कविता लिखना शुरू कर रहे थे जिसे सत्तर का यानी आठवाँ दशक कहा जाता है वह एक महत्त्वपूर्ण बिन्दु है जहाँ से आधुनिक हिन्दी कविता बदल रही थी। उसके ठीक पहले नक्सलबाड़ी के कवियों का दौर था। पहली बार यह स्पष्ट हुआ कि केवल मनोगत क्रान्ति से अब काम नहीं चलेगा। यह वही दौर था जब भारतीय समाज में भी एक बड़ा परिवर्तन घटित हो रहा था और राजनीति में भी बड़ी-बड़ी घटनाएँ घट रही थीं। कांग्रेस प्रगतिशील कदम उठाने पर बाध्य हो रही थी। उसी समय हिन्दी कविता में पहली बार नायकों की जगह चरित्र आये और कविता धूमिल के प्रभाव से मुक्त हुई। कविता में आस-पास के जीवन की फिर से स्थापना हुई। प्रगतिवादी कविता में 'देखा है' पद बार-बार आता है जबकि हमारी कविता एक तरह से शामिल आदमी की कविता बनी। उसके बीस साल बाद नवें दशक के अन्त तक सोवियत संघ का विघटन हो गया। इसका गहरा प्रभाव पड़ा। हिन्दुस्तान में जनवादी शक्तियों का बिखराव बढ़ा। जो मित्र प्रतिरोध में देखते थे वे घुटने टेकने लगे। नये कवि कविता में गैर-राजनीतिक दिखने की कोशिश करने लगे। हमारी काव्यदृष्टि से कोई ख़ास बदलाव इसलिए नहीं हुआ क्योंकि सामाजिक स्थितियाँ और जटिल हुइ। जो फ़र्क़ दिखता है वह परिपक्वता के कारण है। जैसा उत्साह तब था उसी तरह का उत्साह अब नहीं रहा। एक जेनुइन निराशा कविता में आयी है, उसे सिर्फ़ उदासी या सिर्फ़ निराशा नहीं माना जा सकता। आज के दृश्य में बर्बर शक्तियाँ और ताकतवर हुई हैं। गुजरात में

जो साम्प्रदायिक हिंसा हुई उसके ख़िलाफ़ आज कोई बड़ा आन्दोलन नहीं है। आठवें दशक में यह कल्पना भी नहीं की जा सकती थी कि इतना कुछ होने पर भी कोई आन्दोलन न खड़ा हो।

तब के प्रतिरोध में फिर भी एक उम्मीद थी। लगता था कि बदलाव जल्दी हो सकता है। अब जिस तरह से सारी शक्तियाँ घुटने टेक रही हैं उसी तरह प्रतिरोध के स्वर में निराशा और उदासी दिखाई देती है। कहीं से कोई उम्मीद नहीं मिल रही है। भूमंडलीकरण और इस मार्केट इकोनामी के वर्चस्व के बाद साम्प्रदायिकता का पूरा चरित्र बदल गया है। हालाँकि इसकी शुरुआत 1984 के दंगों से होती है। यह केवल धार्मिक टकराव नहीं सत्ता पाने की लड़ाई हो चुकी है। इस बदलाव के संकेत इधर की कविताओं में देखे जा सकते हैं। पर अभी यह देखा जाना बाकी है कि यह नया यथार्थ कविता में कैसे घटित होगा। पहले की भावुकता से तो अब काम नहीं चलेगा। अब कविता ज़्यादा बौद्धिक और विवरणात्मक होगी। कात्यायनी और संजय चतुर्वेदी में एक ग़ुस्सा तो है पर इस नये साम्प्रदायिक उभार की जटिलता में पैठने की कोशिश कम है। केवल देवी प्रसाद मिश्र कविता में और गीतांजलिश्री कहानी में यह काम कर रहे हैं।

क्या आपको नहीं लगता कि पिछले दो-तीन दशकों की हिन्दी कविता मध्यवर्ग द्वारा मध्यवर्ग के लिए लिखी गयी कविता है। यानी यह मध्यवर्गीय चेतना को ही व्यक्त करती है इसमें ग्रामीण चेतना ग़ायब है?

यह जो प्रौद्योगिकी है वह शहर में केन्द्रित है। इसने हमारा ध्यान उद्योगों से हटा दिया है इसलिए अब साहित्य में औद्योगिक मज़दूर नहीं दिखाई देते। जीविकोपार्जन के सारे साधन शहरों में केन्द्रित हो गये हैं। हमारे अधिकतर कवि शहरों में रहते हैं। इसलिए उनका अनुभव शहरी है। जो ग्रामीण मध्य वर्ग के कवि हैं उनकी समस्या यह है कि आज स्वीकृति और यश शहरी कवियों को ही मिल रहा है। इसलिए वे भी अब शहरी कविता लिखने की कोशिश कर रहे हैं। इससे हिन्दी कविता का बड़ा नुक़सान हुआ है। पिछले तीस सालों से हमारी कविता में किसान का जीवन, उसमें आया बदलाव और उसका अनुभव नहीं है। नवें दशक के अधिकतर कवि लोक साहित्य से जुड़े जबकि उन्हें लोक जीवन से जुड़ना चाहिए। उन्हें नयी जीवन-शैली ने जकड़ लिया है। फिर हमारा दृष्टिकोण शहरी हो चुका है इसलिए हम उन ग्रामीण कवियों को स्वीकारने में हिचक महसूस कर रहे हैं। अष्टभुजा शुक्ल, निलय उपाध्याय, एकान्त श्रीवास्तव, बद्रीनारायण आदि की भी भारी समस्याएँ हैं। आप पुरानी रूमानियत की तरह ग्रामीण यथार्थ को नहीं देख सकते—आपको सूक्ष्म जटिलताओं में जाना पड़ेगा। अब एकान्त श्रीवास्तव एक ख़ास फॉर्म में फँस गये हैं। वे जटिलता में नहीं जा

रहे हैं। बद्री का किसी तरह से ग्रामीण चेतना से कोई सम्बन्ध नहीं है। वे केवल लोक साहित्य से जुड़े हैं। उनके यहाँ लोक नहीं है इसलिए ग्रामीण जीवन और लोक साहित्य को कनफ्यूज न करें। निलय एक स्तर पर अच्छा काम कर रहे हैं पर उन्हें यह बताना चाहिए कि ग्रामीण जीवन में जो बदलाव हो रहे हैं वे क्यों हो रहे हैं। यह साफ़-साफ़ दिखाई नहीं पड़ रहा है—अब संकेतों में लिखने से काम नहीं चलेगा। इन कवियों को ग्रामीण चेतना से नहीं, चीज़ों के आधुनिक भाव बोध के साथ सूक्ष्म जटिलताओं में जाना होगा। हिन्दी में अभी एक ऐसे कवि की ज़रूरत है जो आधुनिक चेतना के साथ ग्रामीण कविता लिखे। शहरी जीवन के जितने बड़े कवि रघुवीर सहाय हैं ग्रामीण जीवन के उतने बड़े कवि का अभी इन्तज़ार है।

नागार्जुन, केदारनाथ अग्रवाल और त्रिलोचन के बाद हिन्दी कविता व्यापक जनता से लगातार कटती चली गयी है। कहीं ऐसा तो नहीं कि ऐसा जानबूझकर हुआ हो?

आपकी इस बात का कोई ठोस आधार नहीं है। यदि कोई भी कविता कभी व्यापक जनता ने जुड़ी थी तो उसे आगे की कविता के लिए पुल बनाना चाहिए था। यह ठीक है कि आधुनिक समाज जैसे-जैसे जटिल हुआ कविता भी जटिल हुई। इससे उसकी व्याप्ति थोड़ी कम हुई। पर यह कहना कि कविता जनता से कट गयी है, सही नहीं है। हमारी पीढ़ी ने पहली बार आम बोलचाल की भाषा को कविता में लाने का जो कार्य किया वह खड़ी बोली की कविता के इतिहास में नहीं हुआ। कविता के बारे में यह कनफ़्यूजन इसलिए हो रहा है कि हिन्दी में सारे मंच ख़त्म हो गये। यह हिन्दी का अन्धायुग है। एक भी व्यापक प्रसार वाली पत्रिका नहीं बची जो इस कविता को जनता के बीच ले जाये, एक भी ऐसा बड़ा अख़बार नहीं जो इस कविता को छापे। कविता के प्रभाव को जाँचने का क्या कोई उपकरण है? क्या हमारे पास यह जानकारी या आँकड़ा है कि कबीर, सूर, तुलसी अपने ज़माने में कितने लोकप्रिय थे या उनके कितने पाठक थे? यदि मान लें कि उनकी कविताओं की अतिव्याप्ति थी तो हमारी चेतना को बदलने में वे असफल क्यों हुईं?

आपकी पीढ़ी क्या रघुवीर सहाय और केदारनाथ सिंह से गहरे अर्थों में प्रभावित रही है? यदि नहीं तो आप लोग उनसे किन अर्थों में भिन्न हैं?

हमारी पीढ़ी ने न केवल रघुवीर सहाय और केदारनाथ सिंह बल्कि पूरी परम्परा से अपना रिश्ता बनाया जिसमें छायावाद से लेकर प्रगतिवाद तक और मुक्तिबोध से लेकर शमशेर बहादुर सिंह तक की महत्त्वपूर्ण उपस्थिति है। मुझे नहीं लगता कि कोई भी पीढ़ी केवल एक या दो कवियों से कभी प्रभावित होती है। ऐसी धारणा ख़ास साहित्यिक चुहल के तहत बना ली जाती है। रघुवीर सहाय एक

महत्त्वपूर्ण कवि हैं जो उस पूरे फेनोमेना (परिघटना) को समझने का काम करते हैं जो साठ के दशक में भारत में शहरी जीवन में हो रहे थे। हमने उनसे सीखा पर उन्हें खुली आँख से देखा। उनकी कविता की सीमा है कि वह पिटते आदमी की कविता है, लड़ते आदमी की नहीं—सामूहिक प्रतिरोध उनके यहाँ नहीं है। जबकि केदारनाथ सिंह के यहाँ यह प्रतिरोध भी है और लड़ता हुआ आदमी भी है। इसी बिन्दु पर हम रघुवीर सहाय से भिन्न हैं।

आप देखें कि 1970 के पहले रघुवीर सहाय और केदारनाथ सिंह क्या लिख रहे थे और बाद में उन्होंने क्या लिखा। 1970 के बाद उनका जो रास्ता बना उसे हमारी पीढ़ी ने बनाया। उनकी बाद की कविताओं में जो ढेर सारी चीज़ें भाषा और कथ्य में दिखती हैं वे हमारे कारण हैं। रघुवीर सहाय के 'आत्महत्या के विरुद्ध' और 'हँसो-हँसो...' के रस में फ़र्क़ है। इसी तरह 'अभी बिल्कुल अभी' और 'ज़मीन पक रही है' के केदारनाथ सिंह में बड़ा फ़र्क़ है। नयी पीढ़ी भी तो पुरानी पीढ़ी को ऑक्सीजन देती है।

एक ओर हिन्दी कविता गद्य के काफ़ी करीब हो गयी है तो दूसरी ओर कुछ लोग छन्द की वापसी पर ज़ोर दे रहे हैं? आने वाले समय में काव्यभाषा का क्या रूप हो सकता है?

भाषा का मूल स्वरूप गद्य ही है। मुझे नहीं लगता कि कविता पहले की तुलना में ज़्यादा गद्यमय हुई है। द्विवेदी युग की कविता में यदि तुकें हटा दें तो वह काव्यमय भाषा नहीं है। असल में तो छायावादियों ने भाषा को काव्यमय बनाया। दूसरी चीज़, जब जीवन के विवरण कविता से ग़ायब होने लगे तो गद्य में जाने की ज़रूरत महसूस हुई। निराला ने कहा है—'गद्य ही जीवन संग्राम की भाषा है', इधर एक बड़ा काम हुआ है कि कविता में जीवन के विवरणों की वापसी हुई है। फिर यह भ्रान्ति है कि छन्द से कविता स्मृति का हिस्सा बन जाती है।

मुझे लगता है कि हिन्दी कविता की भाषा केवल डेढ़ सौ साल में ही लगभग अपनी परिपक्वता के करीब पहुँच चुकी है। वह आज हिन्दी बोलने वाली जनता की भाषा में लिखी जा रही है। बोलचाल की भाषा में हिन्दी कविता सब कुछ व्यक्त करने में आज समर्थ है। भविष्य में इसी का और विकास होगा।

क्या आज की आलोचना हिन्दी कविता का सही मूल्यांकन कर पा रही है?

दिक्क़त यह है कि 1960 के बाद यानी नयी कविता के बाद हिन्दी में कोई मूल्यांकन हुआ ही नहीं। आज की कविता की बात छोड़ दें अकविता, नक्सलबाड़ी और आठवें दशक की कविता का मूल्यांकन करने वाली एक भी किताब नहीं है। सारी बहसें नयी कविता पर दम तोड़ देती हैं। हिन्दी आलोचना में 1960 के बाद की कविता को समझने का कोई सम्यक उपक्रम दिखाई नहीं

देता। नामवर सिंह के 'कविता के नये प्रतिमान' जैसा भी काम आज तक नहीं हो सका है। अशोक वाजपेयी ने भी अकविता को नकारने के लिए जो लेख 'विचारों की विदाई' लिखा, उसका भी उन्होंने पुनर्मूल्यांकन नहीं किया। आज इस लेख के कई निष्कर्ष गलत साबित हुए। नामवर सिंह, मलयज, विश्वनाथ त्रिपाठी, नन्दकिशोर नवल, देवीशंकर अवस्थी या और किसी भी आलोचक से 1960 और बाद के काव्य परिदृश्य को नहीं समझा जा सकता। ले-देकर केवल सुधीश पचौरी ने ही इस दिशा में उल्लेखनीय काम किया है। थोड़ी-बहुत कोशिश 'फिलहाल' में अशोक वाजपेयी ने की है। बाद में विजय कुमार ने भी थोड़ी कोशिश की। बाकी तो सन्नाटे का दौर है।

आज हिन्दी कविता में जो युवा-पीढ़ी सक्रिय है उसे आप अपनी पीढ़ी से किस प्रकार भिन्न पाते हैं?

बहुत अलग मैं नहीं पाता। नवें दशक में एक ग्रुप आया था पर उनमें से केवल देवी प्रसाद मिश्र ने अपनी असरदार उपस्थिति बरकरार रखी है। बाद में इक्का-दुक्का कवि आते रहे जिनकी व्यक्तिगत उपस्थिति ही बन सकी। पर दृश्य नहीं बदल सका। कोई ज़रूरी नहीं कि हर पीढ़ी दृश्य बदल दे। मैं यह भी नहीं कहता कि यह पीढ़ी आठवें दशक का विस्तार है। समाज और राजनीति की तरह आज पूरी कविता में भी एक ठहराव है। हर कवि आज अपना डिक्शन तलाशने की कोशिश कर रहा है, पर कविता का दृश्य नहीं बदला है। आज नवल शुक्ल, सुन्दरचन्द ठाकुर, संजय कुन्दन, नीलेश रघुवंशी ने अपनी पहचान बनायी है।

आज काफ़ी तादाद में औसत ढंग से अच्छी कविता भले लिखी जा रही हो पर इससे कविता में एक बड़ा बदलाव और विमर्श पैदा नहीं हो रहा है। इन सीमाओं को तोड़ने वाली उथल-पुथल और हलचल पैदा करने वाली कविता आज नहीं लिखी जा रही है। आज परिस्थितियाँ जितनी भयावह और क्रूर हैं उसमें सिर्फ़ एक अच्छी कविता लिखने से काम नहीं चल सकता। हमें एक ऐसी कविता चाहिए जो सारे दृश्य में उथल-पुथल मचा दे।

आज की हिन्दी कविता की सबसे बड़ी सीमा है उसका शहरी होकर रह जाना। इसे टूटना चाहिए। हमारी कविता पीड़ितों को तो देखती है पर लड़ते हुए लोगों और समूहों को नहीं देख रही है। इसी वजह से एक उदासी और निराशा छा गयी है। हम छोटे समूहों की लड़ाई को सन्देह से देखते हैं। कई बार कविता बनानी पड़ती है जैसे अपने लक्ष्यों के लिए महाश्वेता देवी ने कहानियाँ और उपन्यास बनाये। एक ज़माने में महावीर प्रसाद द्विवेदी ने ऐसी रचनाएँ लिखवायीं जो हिन्दी में नहीं थीं। हमारे युवा कवियों को भी कुछ कविताएँ बनानी चाहिए। हर बार कविता स्वतःस्फूर्त ही नहीं होती।

जब तक भोपाल में अशोक वाजपेयी थे तब तक वामपन्थी रचनाकारों की एक बड़ी जमात सत्ता के ख़िलाफ़ सामूहिक प्रतिरोध की मुद्रा में रही। 1990 के आसपास वे दिल्ली आ गये। अब जो परिदृश्य है उसमें वह प्रतिरोध क्यों नहीं दिखता?

अशोक वाजपेयी ने संस्कृति में लोकतान्त्रिक इंफ्रास्ट्रक्चर कभी बनने ही नहीं दिया। उनके हटते ही भारत भवन प्रभावहीन हो गया। लेकिन वामपन्थियों के बीच पहले भी सत्ता के विरोध और समर्थन के सवाल पर मतभेद थे। भोपाल गैस कांड से पहले प्रगतिशील लेखक संघ के लोग अशोक वाजपेयी के साथ थे। हरिशंकर परसाई और ज्ञानरंजन जैसे हमारे बड़े लेखक सरकार के साथ थे। भोपाल गैस कांड के बाद जब संस्कृति प्रतिष्ठानों ने नकारात्मक भूमिका निभाना शुरू किया तो वामपन्थी लेखक विरोध में एकजुट हुए। एक ओर आन्दोलन चल रहा था तो दूसरी ओर फ़िल्म फेस्टिवल जिसमें सुहासिनी मूले जैसी अभिनेत्री को पुलिस ने पीटा। आज वामपन्थी लेखक इसलिए सरकार के साथ हैं कि सांस्कृतिक-साहित्यिक संस्थाओं का एक लोकतान्त्रिक ढाँचा बने, जिसे अशोक वाजपेयी ने बनने नहीं दिया। आज भाजपा और कांग्रेस में चुनाव की मजबूरी पैदा हो गयी है।

पर आप प्रगतिशील लेखक संघ से क्यों अलग हुए? फिर आप सरकार के साथ क्यों नहीं गये?

सरकारी संस्थाओं में हिस्सेदारी को लेकर जनवादी लेखक संघ में अभी हिचक बरकरार है। 1973 में बाँदा में जब प्रगतिशील लेखक संघ को पुनर्जीवित करने के लिए लेखकों का विराट सम्मेलन बुलाया गया तो राजनीतिक प्रस्ताव का सीपीएम और क्रान्तिकारी विचारों के लेखकों ने विरोध किया। बाद में आपातकाल लागू हो गया। फिर जनवादी लेखक संघ और जन संस्कृति मंच बना जिसने कभी सरकारी अनुदान नहीं लिया। प्रगतिशील लेखक संघ से मेरी लड़ाई भोपाल गैस कांड से शुरू हुई। मैं प्रलेस में काफ़ी ऊँची स्थिति में था। पर हमारे विरोध के बावजूद प्रलेस के लोगों ने सरकारी कमेटियों से इस्तीफा नहीं दिया। उन्होंने हमेशा अशोक वाजपेयी की संस्कृति को वैधता प्रदान की। संगठन छोड़ने के बाद लम्बे समय तक प्रलेस ने मेरे ख़िलाफ़ निन्दा अभियान चलाया। मैं आज भी संगठन के बजाय अपनी रचना के बल पर टिका हुआ हूँ। मेरा मानना है कि सरकारी संस्थाओं में रहते हुए आप प्रतिरोध के बड़े आन्दोलन को नहीं चला सकते। फिर यह स्थिति मध्य प्रदेश में ही नहीं सारे देश में है। दिल्ली में कौन-सा प्रतिरोध का साहित्य लिखा जा रहा है। सरकारी पैसे से सांस्कृतिक पुनर्जागरण नहीं हो सकता।

संजीव

साहित्य में सत्ता केन्द्र बदलना चाहिए

कहा जाता है कि आपके दिमाग़ में हमेशा कोई न कोई कथानक घूमता रहता है। इन दिनों आप क्या लिख रहे हैं?

यह बात सही है कि मैं हमेशा कुछ न कुछ सोचता रहता हूँ। लेकिन जितना लिखना चाहता हूँ उतना लिख नहीं पाता। ज़िन्दगी की परेशानियाँ, नौकरी और बड़े परिवार की ज़िम्मेदारी निभाते हुए जो लिख पाता हूँ वही बहुत है। फिलहाल मैं एक अर्द्ध-वैज्ञानिक उपन्यास 'टे़स्ट ट्यूब बेबी' पर काम कर रहा हूँ। इसकी पृष्ठभूमि में जेनेटिक इंजीनियरिंग है पर मनुष्य के जीवन की उत्पत्ति और मृत्यु के पार तक के कई दार्शनिक सवाल भी इसमें होंगे। उपन्यास के मार्फत मैं यह सवाल उठाना चाहता हूँ कि मनुष्य का जीवन कहाँ से शुरू माना जाये? माँ के पेट से या गर्भ से या उससे भी बहुत-बहुत आगे से? क्या मृत्यु, जीवन का विस्तार है? इसमें एक युवती है जो माँ बनना चाहती है। उसकी गर्भ उसका नानी के पेट में प्रत्यारोपित कर दिया जाता है। अब जो बच्चा पैदा होगा उसका रिश्ता इन दोनों स्त्रियों से किस तरह का होगा? यही कथानक है। हालाँकि अभी इस पर काफ़ी काम करना बाकी है।

आपको भारत सरकार के मानव संसाधन विकास मंत्रालय के संस्कृति विभाग द्वारा भोजपुरी के शेक्सपीयर कहे जाने वाले लोक कलाकार भिखारी ठाकुर पर उपन्यास लिखने के लिए सीनियर फैलोशिप मिली थी। उसका क्या हुआ?

यह उपन्यास मैंने पूरा कर लिया है। शीघ्र ही राजकमल प्रकाशन से 'सूत्रधार' शीर्षक से छप कर आयेगा। मेरे लिए इस उपन्यास का लेखन उस कालखंड से गुज़रने जैसा था। उपन्यास लिखते समय मुझे गहरी आन्तरिक पीड़ा से भी गुज़रना पड़ा। अपने नाटकों के जरिए भिखारी ठाकुर ने जो सवाल उठाए थे, वे आज भी अनुत्तरित हैं। हिन्दी क्षेत्र से धोखे से गिरमिटिया मज़दूर ले जाये गये। उनके बच्चे, स्त्रियाँ रोते रहे। उनकी वापसी की राह देखते रहे। लेकिन वे नहीं लौटे। काम की तलाश में नवविवाहिता पत्नियों को छोड़कर कोलकाता, ढाका और रंगून की खाक छानते रहे। प्रवासी की पीड़ा के वर्णन के लिए वी.एस. नायपॉल को नोबेल पुरस्कार

मिला पर सबसे पहले इसे भिखारी ठाकुर ने वाणी दी। महेन्द्र मिश्र के नाम से भिखारी ठाकुर ने कई गीत भी लिखे। हमारे यहाँ पुरुषों द्वारा स्त्री का वेश धरकर नाचने की पुरानी परम्परा है। ईरान से भी मुग़ल दरबार में नर्तक आये थे। उनकी एक धारा लखनऊ में और बिहार के गोपालगंज के हथुआ स्टेट के यहाँ भी पायी गयी। इन नर्तकों, जिन्हें भोजपुरी समाज लौंडा कहता है, उनकी त्रासदी मेरे अवचेतन में लम्बे समय से बसी हुई थी। लौंडा कहलाने वाले ये लोग उपेक्षित और निम्न जातियों के थे जो सामन्तों-ज़मींदारों के रखैल हुआ करते थे। एक दूसरी मुश्किल यह थी कि भिखारी ठाकुर के वंशज और अनुयायी उन्हें महात्मा मानते हैं। वे इस बात को छिपाते हैं कि भिखारी ठाकुर की कई स्त्रियाँ थीं। मेरे यह पूछने पर कि भिखारी ठाकुर ने कितनी शादियाँ कीं, उनका बेटा क्रोधित हो उठा। 'सूत्रधार' में मैंने उन्हें एक लीजेंड के साथ हाड़-माँस के साधारण मनुष्य के रूप में भी देखने की कोशिश की है।

आपकी पहली कहानी 'अपराध' (1980) थी जिससे आपको ख्याति मिली। आपकी प्रतिबद्धता नक्सलवादी या क्रान्तिकारी वामपन्थ के प्रति रही है। दो दशक बाद आज आप इस बारे में क्या सोचते हैं?

जब तक समाज में शोषण, असमानता और अन्याय रहेगा तब तक क्रान्तिकारी, वामपन्थी विचारधारा की प्रासंगिकता बनी रहेगी। 'अपराध' (1980) में संघमित्रा कहती है कि यदि अपराध ख़त्म करना है तो जीन बदल डालो। दूसरी ओर आज साहित्य कौन पढ़ रहा है? वही जो पढ़ते-लिखते हैं। 'होरी' पर लिखी कथा होरी नहीं पढ़ता। जिस दिन होरी (प्रेमचन्द के उपन्यास गोदान का नायक) पढ़ने लगेगा, उस दिन पाठकीय दबाव बदलेगा। तभी साहित्य का केन्द्र भी बदलेगा। पर चाहे जिस विचारधारा का वर्चस्व हो साहित्य के केन्द्र में हमेशा मनुष्य ही रहेगा।

आज के कथा-शिल्प में आप कैसा बदलाव देख रहे हैं?

पहले कहानी कहने की कला गिने-चुने अवलम्बों पर आधारित थी। बांग्ला और अंगरेज़ी कहानियों के आधार पर थोड़े-बहुत प्रयोग हिन्दी में भी हुए। हमारे यहाँ नयी कहानी के बाद आठवें दशक में कुछ कथाकारों ने नयी टेकनीक को आजमाया। सारी सम्भावनाओं को टटोला गया और कहानी कैसे कही जाये, इस बारे में कई अछूते और दिलचस्प प्रयोग हुए। पर बाद में यथार्थ बदला, तो कहानी के सारे बने-बनाये फार्मूले बेकार हो गये। मार्क्सवादी विचारधारा से जो फार्मूला गढ़ा गया था, अपर्याप्त लगने लगा। आज समाज में जो चेतना फैली है वह मार्क्सवाद के कारण नहीं फैली। आज हिन्दी के कहानीकारों के सामने सबसे बड़ी चुनौती भी यही है कि वे ठीक से इन बदलावों को कैसे दर्ज करें।

आज साहित्य और संस्कृति का केन्द्र बदल गया है। दिल्ली का वर्चस्व बढ़ा है। कुल्टी जैसे कस्बे में रहते हुए आपको कैसा लगता है?

हिन्दी में सुविधा सम्पन्न लेखकों का एक 'क्लास' बन चुका है जिन्हें इस संसार के कष्टों से कोई मतलब नहीं। सारा हिन्दी क्षेत्र इनका बाज़ार है और ये इसे उपनिवेश बनाये हुए हैं। आज हिन्दी कथा-साहित्य के केन्द्र में मध्यवर्ग आ गया है। यह इसलिए क्योंकि साहित्य कैसा हो, यह दिल्ली से तय हो रहा है। हम जैसे परिधि के लोग तो साहित्य में द्वितीय श्रेणी की नागरिकता वाले हैं। फिर भी हम अपनी तरह से लिखते रहेंगे। हाँ, यदि हमारे जैसे लेखकों को स्वीकृति नहीं मिली, तो कमज़ोरों में आत्महीनता पैदा होगी पर मज़बूत लोग अपना काम करते रहेंगे। हो यह रहा है कि दिल्ली साहित्य का नाश कर रही है। ये पाठक खोजेंगे, यूपी, बिहार में और पुरस्कार बाँटेंगे—पीठ बनाएँगे दिल्ली में। साहित्य रचा जा रहा है दिल्ली से बाहर पर साहित्य की राजनीति दिल्ली में हो रही है। अब इस सत्ता केन्द्र को बदलना चाहिए और साहित्य में भी विकेन्द्रीकरण होना चाहिए।

आपकी तुलना अकसर उदय प्रकाश से की जाती है। कभी-कभी तो आपको उदय प्रकाश का प्रतिद्वन्द्वी भी बताया जाता है। उनके बारे में आप क्या सोचते हैं?

उदय प्रकाश दिल्ली में यानी साहित्य के केन्द्र में हैं। मैं परिधि पर हूँ। मेरा दायरा निश्चित रूप से बड़ा है पर उनका खूँटा निश्चित रूप से मज़बूत है। उदय प्रकाश नव्यतम कथा आन्दोलनों, सामाजिक और टेक्नोलॉजी के बदलावों को मुझसे बेहतर समझते हैं। उनका लेखन प्रयोगात्मक है। जो कभी अच्छा, तो कभी ख़राब हो सकता है। उनकी कुछ कहानियों के प्रति कुछ आपत्तियों के बावजूद मैं उनकी कद्र करता हूँ। वे एक महत्त्वपूर्ण रचनाकार हैं। 'और अन्त में प्रार्थना' और 'छप्पन तोले का करधन' मुझे काफ़ी पसन्द हैं पर 'पाल गोमरा का स्कूटर' और 'वारेन हेस्टिंग्स का साँड़' मुझे अच्छी नहीं लगीं। पर मेरी पसन्द या मेरे कहने से क्या होता है। उदय प्रकाश की कहानियों में चकाचौंध अधिक है। उनकी कहानियों का केन्द्रीय भाव है डर। 'पीली छतरी वाली लड़की' में जहाँ नार्थ-ईस्ट का प्रसंग है वह अद्भुत है। लेकिन कहानी में सेक्स पर ज़रूरत से ज़्यादा ज़ोर दिया गया है। मैं उदय प्रकाश की इसलिए भी क़द्र करता हूँ क्योंकि जिस दौर में हम लेखकों की बात कोई नहीं सुनता वहाँ वे अपनी सत्ता को मनवा लेते हैं।

साहित्य में और साहित्य के बाहर बहुत कुछ घट रहा है। इसके बारे में जल्दबाजी में कोई राय नहीं बनाई जा सकती। मैं अभी भी कहानी को एक औजार, एक उपादान के रूप में देखता हूँ, जो मनुष्य को बदहाल बनाने की नियति और नीयत को बदल सकती है। लेकिन दिक्क़त है कि मीडिया पर मुनाफ़ा केन्द्रित बाज़ार का क़ब्जा है।

मन्नू भंडारी

स्त्री विमर्श को अधोगामी बना दिया

मैनेजर पांडेय के साक्षात्कार (राष्ट्रीय सहारा में 11 जून को प्रकाशित) की प्रतिक्रिया में वरिष्ठ लेखक राजेन्द्र यादव ने स्त्री विमर्श को लेकर कुछ तीखे सवाल अपने साक्षात्कार में उठाये थे जो 18 जून को छपे। बाद में प्रो. निर्मला जैन (25 जून) और चित्रा मुद्गल (9 जुलाई) ने भी अपने साक्षात्कारों में श्री यादव से असहमति प्रकट की है। इस बहस को आगे बढ़ाते हुए हम जानना चाहेंगे कि क्या आप स्त्री विमर्श की राजेन्द्र यादव की अवधारणाओं से सहमत हैं?

मैंने पांडेय जी और राजेन्द्र जी का साक्षात्कार नहीं पढ़ा है पर निर्मला जी का देखा है। किसी के पक्ष या विरोध में निजी टिप्पणी नहीं करना चाहती हूँ। पर यह मुद्दा महत्त्वपूर्ण है। इतने वर्षों के स्त्री विमर्श के बाद स्त्री को अपना व्यक्तित्व मिला था। उसे आगे ले जाने की ज़रूरत थी। पर यह नारा उछाल दिया गया कि स्त्री मुक्ति का मार्ग सेक्स और देह है। मैं इससे सहमत नहीं हूँ। स्त्री विमर्श को केवल सेक्स और देह तक सीमित कर देने के बड़े ख़तरनाक परिणाम हमें दिखाई दे रहे हैं। मैं यहाँ स्पष्ट कर दूँ कि मैं यह नहीं मानती कि स्त्री की सारी नैतिकता देह तक सीमित है। इसके बावजूद स्त्री विमर्श के इस नारे ने स्त्री को एक बिकाऊ माल में बदल दिया है। जो लोग यह नारा उछाल रहे हैं वे 'व्यक्तित्व' तक की यात्रा तय कर चुकी स्त्री को फिर से 'वस्तु' में बदल देना चाहते हैं। आज के आक्रामक उपभोक्तावादी दौर में स्त्री जिस तरह से अपने शरीर को बेच रही है और पैसा कमाने की दौड़ में शामिल है, उसके क्या परिणाम होंगे इसका अनुमान लगाया जा सकता है। बड़ी विचित्र बात है कि ये लोग तर्क दे रहे हैं कि स्त्री यदि श्रम के बदले शरीर बेचे तो क्या आपत्ति है? यदि यह तर्क कोई स्त्री देती है तो ठीक है, पर इसके क्या परिणाम होंगे। उसका सारा स्त्री विमर्श स्त्री को बिकाऊ माल बना रहा है। यही काम हमारा विज्ञापन एवं मनोरंजन उद्योग कर रहा है।

तो क्या यह ख़तरा नहीं है कि आपके विचारों को कुछ लोग (?) पुरातनपन्थी और प्रगति विरोधी मानें?

आप भले ही मुझे दकियानूस और पुरातनपन्थी मानें पर स्त्री मुक्ति की सारी

आधुनिकता को केवल देह और सेक्स की आज़ादी मानने का मैं समर्थन नहीं कर सकती। ऐसा करके वे लोग भारत में स्त्री मुक्ति के आन्दोलन को उलटी दिशा में ले जा रहे हैं। वे स्त्री को 'व्यक्तित्व' से पुनः वस्तु बना देना चाहते हैं। मैं दोहराना चाहूँगी कि स्त्री की नैतिकता उसके शरीर तक सीमित नहीं है। सेक्स का सम्बन्ध भावना से होता है। उसके बिना कैसी आज़ादी? हवस की संस्कृति का मैं समर्थन नहीं कर सकती। आज वैसे भी 'फास्ट फूड' की तरह लोगों को 'फास्ट पैसा' चाहिए। महानगरों में कुछ स्कूली छात्राएँ पाँच सौ के जेब खर्च के लिए किसी के भी साथ रात बिताने को तैयार हो जाती हैं। क्या यही स्त्री मुक्ति है?

राजेन्द्र यादव एवं उनके समर्थकों ने ऐसा कब कहा कि देह से मुक्ति ही केवल स्त्री विमर्श है? वे इसे पहला चरण मानते हैं?

मैं किसी व्यक्ति के बारे में कोई टिप्पणी नहीं करना चाहूँगी। क्या यह अजीब बात नहीं है कि उन लोगों की धारणा का समर्थन पाँच स्त्रियाँ भी नहीं करतीं और वे स्त्री विमर्श का नारा उछाल रहे हैं। कुछ साल पहले 'हंस' में सेक्स, बलात्कार, देह आदि की कहानियों की भरमार हो गयी थी तो मुझसे देश भर के सैकड़ों लोगों ने कहा कि 'हंस' को क्या हो गया, हम 'हंस' खरीदना बन्द कर रहे हैं। आज समाज में नग्नता चरम पर है। स्कूली बच्चे ब्लू फ़िल्में देख रहे हैं। तो क्या आप बलात्कार को भी मान्यता दे देंगे और कहेंगे कि इससे स्त्री को आनन्द आता है। ये चीज़ें ज़्यादा चलने वाली नहीं हैं।

भारत में किस दिशा में स्त्री विमर्श होना चाहिए?

देखिए, भारत में स्त्री विमर्श जैसा कोई आन्दोलन नहीं है। यहाँ समाज के स्वाभाविक विकास के साथ स्त्रियों की हालत सुधरी है। स्त्री की योनि-शुचिता की बात अब कहाँ होती है। स्त्री के चारों ओर जो संकीर्ण दायरे थे—बन्धन थे जिससे उनका शोषण होता था—उनसे मुक्ति महत्त्वपूर्ण थी। हुई भी और यह प्रक्रिया सतत जारी है। स्त्री मात्र देह नहीं है, उसके मुकम्मल व्यक्तित्व के बारे में सोचिए। वह बुद्धि, मन, भावना, प्रतिभा और सेक्स भी है।

स्त्रीवादियों की माँग है कि स्त्री-रचनाकारों के मूल्यांकन के लिए नये किस्म की आलोचना पद्धति की ज़रूरत है जबकि नामवर सिंह, निर्मला जैन, कृष्णा सोबती जैसे लेखकों का कहना है कि साहित्य में आरक्षण या स्त्री प्रकोष्ठ की ज़रूरत नहीं है। आपकी क्या राय है?

मैं नहीं मानती कि स्त्री विमर्श के लिए अलग से आलोचना पद्धति की ज़रूरत है। साहित्य में स्त्रियों के लिए अलग से आरक्षण की ज़रूरत नहीं है। इसके बावजूद मैं मानती हूँ कि स्त्री का मन और मनोविज्ञान पुरुष से अलग है। मैं उन लोगों

से सहमत हूँ जिनका नाम आपने लिया। किसी भी लेखक की रचना को केवल रचनात्मक कसौटी पर ही कसा जाना चाहिए, बिना इस बात का ख़याल किये कि वह स्त्री है या पुरुष। आप दस स्त्री और दस पुरुष की रचनाओं को उनके नाम हटाकर मूल्यांकन कराएँ तो मेरी बात प्रमाणित हो जायेगी। क्या आप जैनेन्द्र कुमार और शरत्चन्द्र को खारिज कर देंगे। लेखकों के बीच यह नकली विभाजन है।

आप खुद को स्त्री लेखक नहीं मानतीं?

बिल्कुल नहीं। स्त्री होने के नाते मेरी साइकी पुरुषों से भिन्न है, पर मैं लेखक हूँ, स्त्री लेखक नहीं। मैं चाहूँगी कि मेरी रचनाओं पर विचार करते समय स्त्री होने के कारण मुझे कोई रियायत न दी जाये। जब आज से पचास साल पहले भैरव प्रसाद गुप्त ने मेरी पहली कहानी 'मैं हार गयी' कहानी पत्रिका में छापी थी तो मेरा फ़ोटो नहीं छपा था और नाम भी लिंग सूचक नहीं था। मेरे पास ढेरों पत्र आये जिसमें मुझे पुरुष मानकर सम्बोधित किया गया था। स्त्रियों की तरफ़ से तो यह माँग नहीं आयी है कि हमारे लिए अलग प्रकोष्ठ बनाओ। तो दूसरे लोग क्यों नारे उछाल रहे हैं।

इन दिनों आप क्या लिख रही हैं?

पिछले 50 सालों में भारतीय स्त्री बहुत बदल गयी है। 'महाभोज' के बाद की राजनीति भी बदली है। मैं इन्हीं बदलावों पर तीन लम्बी कहानियाँ लिख रही हूँ। पर मैं पहले से फार्मूला तय करके नहीं लिखती जैसा कि कुछ लोग करते हैं कि 'चलो भाई कुछ स्त्री विमर्श की कहानियाँ लिख लो।'

शैवाल

रचनाकार सिनेमा की दुनिया में फिट बैठ ही नहीं सकता

पिछले वर्ष जयवन्त दलवी के नाटक पर आधारित फ़िल्म 'पुरुष' रिलीज़ हुई थी जिसकी पटकथा आपने लिखी थी। क्या वजह है कि 'दामुल' जितनी चर्चा या प्रचार 'पुरुष' की नहीं मिल सका?

'पुरुष' को चर्चा तो मिली, पुरस्कार नहीं मिला। आजकल पुरस्कारों की अपनी राजनीति है, अपना व्यापार है। पुरस्कार एक 'लॉबी' देती है।

तो क्या 'दामुल' की चर्चा सिर्फ़ पुरस्कार मिलने के कारण हुई थी?

नहीं, उसमें बिहार की समस्याएँ पहली बार सेल्युलाइड पर्दे पर आयी थीं। उस समय माहौल भी समानान्तर सिनेमा के अनुकूल था। मीडिया का भरपूर समर्थन था। ज़मीन से जुड़ी बातों ने बुद्धिजीवियों की जमात को आन्दोलित किया था।

प्रकाश झा ने लगभग दो करोड़ के बजट की अपनी नयी फ़िल्म 'मृत्युदंड' में सहलेखक के रूप में आपका नाम घोषित किया है। यह क्या मामला है?

हुआ यह कि 1989 में जब मैं दिल्ली गया था तो प्रकाश ने मुझसे मेरी दो-तीन कहानियों के आधार पर एक स्क्रिप्ट का प्रारूप तैयार करने को कहा। मैंने मात्र 18 घंटे में उसे तैयार किया क्योंकि उसे राष्ट्रीय फिल्म विकास निगम में तत्काल जमा करना था। बाद में वह स्क्रिप्ट 1989 में ही मेरे नाम से रजिस्टर्ड भी हो गयी। फिर उसी कथानक पर मैंने एक उपन्यास भी लिखा—'काल बैसाखी' जो शीघ्र ही प्रकाशित होने वाला है।

तो क्या आप 'मृत्युदंड' को लेकर प्रकाश झा पर मुक़दमा करने की सोच रहे हैं?

इतना सब कुछ होते हुए भी उन्होंने मुझे 'मृत्युदंड' का अर्धलेखक घोषित किया है। उनके पास मेरी कहानियों पर फ़िल्म बनाने के लिए एग्रीमेंट भी नहीं है। पर उन्होंने

फ़िल्म की शूटिंग भी शुरू कर दी है। आप ही बताइए कि मुझे क्या करना चाहिए?

क्या यह पूरी तरह व्यावसायिक फ़िल्म होगी?

मुझसे तो सहमति उन्होंने कला फ़िल्म के लिए ली थी, पर अब इसे पूर्णतः व्यावसायिक फ़िल्म बना दिया है। उन्होंने फिर से जो पटकथा लिखी है, उसमें क्या-क्या परिवर्तन किये हैं मुझे पता भी नहीं है।

'मृत्युदंड' का कथानक क्या है?

इसमें मैंने 'दामुल' के बाद के बिहार में हुए सामाजिक बदलावों को पकड़ने की कोशिश की है। 1984 के बाद यहाँ के गाँवों में जाति युद्ध शुरू हुआ था। हालाँकि यह स्त्रियों की समस्या से जुड़ी ग्रामीण पृष्ठभूमि की कथा है। यह फ़िल्म स्त्रियों के प्रति एक नया दृष्टिकोण लेकर आयेगी—ऐसा मेरा विश्वास है। आन्तरिक द्वन्द्व के साथ देखने की कोशिश है यह फ़िल्म। इस फ़िल्म में व्यवस्था के तीन वर्ग—महंथ, राजनेता एवं ठेकेदार—भी हैं।

कला फ़िल्मों से व्यावसायिक फ़िल्म तक की अपनी इस यात्रा को किस रूप में देखते हैं?

यह कोशिश तो बहुत पहले हो जानी चाहिए थी। आज सिनेमा में आये बदलाव को देखते हुए कथ्य के स्तर पर कलात्मक और 'ट्रीटमेंट' के स्तर पर व्यावसायिक होना ज़रूरी हो गया है। यह एक नया प्रयोग है। इससे सभी वर्ग के दर्शकों तक पहुँचा जा सकता है। जैसा कुन्दन शाह एवं विधु विनोद चोपड़ा ने किया। यही प्रयोग 'मृत्युदंड' में प्रकाश झा कर रहे हैं।

राजन कोठारी की निर्माणाधीन फ़िल्म 'अर्धनायक' की कथा, पटकथा एवं संवाद आप लिख रहे हैं। इस फ़िल्म का कथानक क्या है?

यह फ़िल्म मेरी दो कहानियों—'अर्थतन्त्र' एवं 'अकवन का कोट'—पर आधारित है। इसमें संवेदनाओं के विश्वस्तरीय अकाल की समस्या को उठाया गया है। इसमें रघुवीर यादव केन्द्रीय भूमिका निभा रहे हैं। एक सरकारी मुलाजिम जिसने अपनी पत्नी के इलाज के लिए सरकारी रुपयों का ग़बन किया। उसकी पत्नी की लाश अस्पताल में पड़ी है। पुलिस ग़बन की जाँच करने आने वाली है। वह पत्नी का अन्तिम संस्कार करने की बजाय अपनी नौकरी बचाने में लग जाता है। मैं यह खोजने की चेष्टा कर रहा हूँ कि यह संवेदनाओं का अकाल क्यों आया!

आप मूलतः कथाकार हैं। आपके 'समुद्र गाथा' एवं 'मरुयात्रा' नामक दो कथा संग्रह प्रकाशित हो चुके हैं। आप सिनेमा एवं साहित्य के रिश्ते को किस प्रकार महसूस करते हैं?

मेरे लिए आज भी सिनेमा से ज़्यादा महत्त्वपूर्ण साहित्य है। रचनाकार सिनेमा की दुनिया में फिट बैठ ही नहीं सकता। सिनेमा का जुड़ाव मशीन एवं अर्थ से ज़्यादा है जबकि लेखक का जुड़ाव ज़मीन से होता है। जब तक निर्देशक लेखक के ज़मीनी अहसास एवं आँच को अपने अन्दर जज़्ब करके, अपने सिनेमाई व्याकरण द्वारा मूल कथ्य को सम्प्रेषित नहीं करता, यह सन्तुलन नहीं बन पायेगा। बहुत कम लोग ऐसा कर पाते हैं।

सूरजपाल चौहान

तब लिखने का साहस नहीं हुआ

हालिया प्रकाशित अपनी दूसरी आत्मकथा 'सन्तप्त' में माँ के साथ बलात्कार और पत्नी के साथ दत्तक पुत्र के शारीरिक सम्बन्ध का प्रसंग लिखते समय आपकी क्या मनःस्थिति थी?

मेरी पहली आत्मकथा 'तिरस्कृत' 2002 में छपी थी। उसे लिखते हुए मुझे तभी लगा था कि कुछ महत्त्वपूर्ण छूट गया है। कभी-कभार ऐसी घटनाएँ घट जाती हैं जिन्हें लिखते समय हाथ काँपने लगता है, कलम रुक जाती है। उस समय मैं उन्हें लिखने का साहस न कर सका। माँ के साथ बलात्कार और मेरी पत्नी और दत्तक पुत्र के बीच शारीरिक सम्बन्ध ऐसे ही प्रसंग हैं। ये दोनों प्रसंग मुझे लगातार परेशान करते रहे। फिर इन्हें मैंने 'सन्तप्त' में लिख दिया।

कुछ दलित लेखकों को इन प्रसंगों का ज़िक्र पसन्द नहीं आया है। उनका तर्क है कि इससे दलित समाज की बदनामी हुई है?

फिर तो दलित लेखकों को कहानियाँ-उपन्यास ही लिखना चाहिए। उन्हें दलित आत्मकथाएँ लिखने की क्या ज़रूरत है। मैंने लिखा क्योंकि आत्मकथा का अर्थ ही है कि सत्य लिखा जाये। यदि आप निजी प्रसंगों को छिपाएँगे तो आत्मकथा का क्या अर्थ रह जायेगा। हिन्दी में दलित साहित्य की पहचान ही दलित आत्मकथाओं से बनी है। हिन्दी के अधिकतर दलित लेखक खुद को महिमामंडित करने में लगे हुए हैं। मैं तो उस भंगी समुदाय का हूँ जो दलितों में भी दलित है। माँ के बलात्कार के प्रसंग का ज़िक्र करना मेरी मजबूरी थी। मैंने 'तिरस्कृत' में अपनी पत्नी और दत्तक पुत्र के बीच शारीरिक सम्बन्ध को इसलिए नहीं लिखा कि मेरी बेटी मधुर छोटी थी। अब वह बड़ी और समझदार हो गयी है। एस.एससी कर रही है। मैंने इस प्रसंग पर उससे खुलकर चर्चा की, तब लिखा। यहाँ तो प्रायः घर-घर की कहानी है। समाज से छिपाने से ऐसी घटनाएँ रुकती नहीं हैं। मेरे साथ हुआ, मैंने लिख दिया। अनेक परिवार इसे छिपाते हैं। 'सन्तप्त' लिखते हुए मैं गहरे अवसाद में डूबा रहा हूँ। कई सिरफिरे दलित लेखकों का विरोध सहना पड़ा है। स्त्रियों की पक्षधर होने का ढिंढोरा पीटने की तथाकथित दलित लेखिकाओं ने मुझ पर स्त्री विरोधी होने का आरोप लगाया। वे यह भूल गयीं कि पत्नी

के घर छोड़ने के बाद मैंने अपनी बेटी का अकेले पालन-पोषण किया।

'सन्तप्त' में आपने बड़े दुख के साथ दलित विरोधी दलित लेखकों के बारे में ज़िक्र किया है। यह क्या मामला है?

यह सीधा मामला है। मैंने हिन्दी के समकालीन दलित आन्दोलन में अराजकता फैलाने वालों पर प्रहार किया है। कुछ दलित लेखकों के व्यवहारों से मेरा मोह भंग हुआ है। वे अपने को दलितों का ठेकेदार और मठाधीश समझते हैं। वे दलित आन्दोलन को क्षति पहुँचा रहे हैं। मैंने ऐसे ही बहुरूपियों का कच्चा-चिट्ठा खोला है, उन्हें बेनकाब किया है। यदि ऐसा न करता तो दलित साहित्य आन्दोलन के बिखर जाने का ख़तरा पैदा हो जाता है। हिन्दी के दलित साहित्य आन्दोलन के कुछ लोग अपनी हिटलरशाही चलाना चाहते हैं। वे दूसरों को 'सामन्त का मुंशी' कहते हैं पर खुद सामन्त बने रहना चाहते हैं। मैंने अपनी आत्मकथा में दलितों के भीतरी अन्तर्विरोध को उजागर किया है। हम गैर-दलितों को तो मुँह भर-भर कर बोलते हैं पर दलित समाज की व्यवस्था की गाँठें खोलने को तैयार नहीं है। अम्बेडकर दर्शन ही दलित साहित्य की मुख्यधारा है। यह धारा भेदभाव की नहीं, समानता और भाईचारे की धारा है। कुछ लोग इसकी आड़ में समाज को बाँट रहे हैं।

डॉ. धर्मवीर ने आपको पत्र में ऐसा क्या लिख दिया है कि विवाद खड़ा हो गया है?

जब मैंने अपनी आत्मकथा 'सन्तप्त' उन्हें भेजीं तो उनका एक पत्र आया। उन्होंने लिखा था, 'मैंने यह सिद्धान्त निकाला है कि भंगियों और खटिकों से कोई व्यक्तिगत सम्पर्क नहीं रखना चाहिए।' मैं पूछना चाहता हूँ कि क्या भंगी और खटिक दलित नहीं हैं। फिर क्या यह जातिवादी नजरिया नव ब्राह्मणवाद नहीं है? मैंने सुना है कि वे कोई दलित धर्म बनाना चाहते हैं तो क्या उसमें उनकी जाति जाटव ही होगी। फिर वह दलित धर्म नहीं, जाति, विशेष का धर्म होकर रह जायेगा। क्योंकि उसमें भंगी, खटिक, वाल्मीकि, पासवान आदि के लिए कोई स्थान नहीं होगा। क्या यह फासीवादी एजेंडा नहीं है। हमें एक लोकतान्त्रिक बहुलतावाद में भरोसा करना चाहिए, जिसमें सभी के लिए स्पेस हो।

दलित लेखक संघ से आपने इस्तीफे की बात कही थी। आपको क्या शिकायतें हैं?

एक तो दलित लेखक संघ पर गैर लेखक हावी हैं। दूसरे, आप बताइए कि एक लेखक संगठन यदि खुद ही आपसी राजनीति का शिकार हो जाये तो वह दूसरे लेखकों को कैसे प्रोत्साहित करेगा। पिछले दस सालों से क्या हमारे दलित लेखक संघ ने एक भी दलित लेखक पैदा किया या सामने लाया? जैसे प्रगतिशील लेखक संघ, जनवादी लेखक संघ या जनसंस्कृति मंच अपने पराभव काल में भी आज देशभर में सक्रिय हैं, रचनात्मकता से जुड़े हैं; हमारे दलित लेखक संघ ने क्या किया? महज दलित साहित्य के ठेकेदारों और पदाधीशों को मदद पहुँचाई।

लीलाधर मंडलोई

हिन्दी कविता का एजेंडा बदलना चाहिए

आपके पहले कविता संकलन 'घर घर घूमा' (1990) में जो जीवन दिखाई देता है, आपके ताज़ा संकलन 'क्षमायाचना' में वह काफ़ी बदला हुआ है। इस बदलाव को आप कैसे देखते हैं?

देखिए, यह सही है कि तब और अब की कविताओं में बदलाव है। पर जीवन तो वही है, पर्यावरण बदला है स्थितियाँ बदली हैं। विषय भी वही हैं पर देखने का अन्दाज़ बदला है। मेरी कविताओं में दो समानान्तर कथ्य हैं—एक मेरे जीवन का दूसरा मेरे समाज के जीवन का। एक मेरी स्थितियों का, एक मेरे वर्तमान का। फिर भी आपको एक निरन्तरता ज़रूर मिलेगी। पहले की तुलना में आज चीज़ों को मैं ज़्यादा अच्छे से देख पा रहा हूँ।

'घर घर घूमा' से लेकर 'काल बाँका तिरछा' (2005) में एक बात समान है। वह है प्रकृति के प्रति आपका आब्शेसन। इसकी कोई ख़ास वजह?

आदिम अवस्था में प्रकृति ही मनुष्य के लिए सब कुछ थी। आज भी मनुष्य उससे अलग नहीं रह सकता। इसका दूसरा कारण निजी है। मेरा बचपन सतपुड़ा के जंगलों में बीता। बहुत कम लोगों को प्रकृति के इतने करीब रहने का अवसर मिला है। मैं एक खदान मज़दूर का बेटा हूँ। मैंने दुनिया को काफ़ी करीब से देखा। बाद में आकाशवाणी के केन्द्र निदेशक के रूप में जब मैं अडंमान निकोबार द्वीप समूह गया तो प्रकृति से मेरा दोबारा रिश्ता बना। मुझे लगा कि प्रकृति के बिना यह जीवन एकांगी है, कविताएँ अधूरी हैं।

आप एक आदिवासी परिवार से आते हैं। इस समय जो दलित विमर्श चल रहा है, उस पर आपकी क्या प्रतिक्रिया है?

जब आप दलित कहते हैं तो उसे जाति से जोड़ते हैं और न्याय की अवधारणा को सीमित करते हैं। ऐसा कहते हुए आप आदिवासियों को भूल जाते हैं। उन निम्नवर्गीय लोगों को, मज़दूरों को, किसानों को भूल जाते हैं। हमारी कविता का दलित विमर्श सिर्फ़ जातियों की बात करता है। मेरा कहना है कि हिन्दी कविता का एजेंडा बदलना

चाहिए। सबसे अधिक शोषण तो स्त्रियों का हुआ है। सबसे अधिक दलित तो स्त्रियाँ हैं। हमारे दलित विमर्श के एजेंडे पर स्त्रियाँ क्यों नहीं हैं। मेरा नया संकलन 'क्षमा याचना' में पूरा फोकस स्त्रियों पर है। मेरा कहना है कि जहाँ विकास की रोशनी नहीं पहुँची उन्हें फोकस में लाना चाहिए भले ही वे सवर्ण क्यों न हो। मैंने उन उच्च वर्ण के लोगों पर कविताएँ लिखीं जिन्होंने मेरे पिता के साथ खदान में काम किया। मैं दलित विमर्श से आगे की बात कर रहा हूँ। वन्य जीवन, समुद्र, पर्यावरण, भूगोल, विज्ञान, प्रौद्योगिकी पर नये सिरे से पढ़ रहा हूँ। आज पानी दुनिया का तीसरा सबसे बड़ा व्यवसाय बन चुका है। मैं जब प्रकृति की बात करता हूँ तो मेरा आशय इन्हीं मुद्दों से है। हर किसी को अपना एजेंडा तय करना होता है। मैं भी अपने एजेंडे में उतरने की कोशिश कर रहा हूँ।

'रात बिरात' संकलन में फजल ताबिश पर आपकी एक अद्भुत कविता है। उन्हें आप कैसे याद करते हैं?

फजल ताबिश भोपाल के लेखकों-बुद्धिजीवियों की मंडली की जान थे। हिन्दू और मुस्लिम लेखकों के बीच वे अकेले पुल थे। उनका घर एक अकेला ऐसा घर था जहाँ ईद भी मनाई जाती थी और होली भी। चाहे राजेश जोशी हों या अशोक वाजपेयी या मैं, हमारी पीढ़ी को भोपाल का कल्चर समझ ही नहीं आता यदि फजल ताबिश नहीं होते। उनके जैसा दोस्त मुश्किल से मिलता है। उर्दू के इस लाजवाब शायर के चले जाने के बाद उनका काम अधूरा छूट गया वह उस दर्द की कविता है।

अभी हाल में भोपाल पर आपने एक दिलचस्प संस्मरण लिखा है। अक्सर आप इस शहर की कमी महसूस करते हैं। आखिर ऐसा क्या है भोपाल में?

भोपाल आज भी मेरे भीतर वैसे ही ज़िन्दा है जैसे तब था जब मैं वहाँ रहता था। तीन जगहें मुझे आज भी हांट करती हैं। एक छिंदवाड़ा-सतपुड़ा का आदिवासी जीवन, जंगल, पहाड़। दूसरा भोपाल और तीसरा अंडमान निकोबार। मेरे जीवन संघर्ष का सबसे बड़ा केन्द्र भोपाल रहा है। आप सोचिए कि एक खदान मज़दूर का बेटा अपने जंगल और पहाड़ों को छोड़ पहली बार बाहर पढ़ने जाता है। उसे 75 रुपये की छात्रवृत्ति मिलती है। उन दिनों को कोई कैसे भूल सकता है। उर्दू का रंग और मुस्लिम संस्कृति को फजल ताबिश के कारण ही समझ पाया। उनके साथ मैंने बेइंतहां आवारगी की। मेरा पूरा व्यक्तित्व भोपाल की देन है। संस्कृति, कलाओं, संगीत और सिनेमा-साहित्य से पहली जान पहचान भोपाल ने कराई।

आपके संस्मरणों की किताब 'काला पानी' काफ़ी चर्चित हुई। एक कवि को गद्य लिखने की ज़रूरत क्यों महसूस हुई?

मैं जानबूझकर गद्य में आया। मैंने काव्यात्मक गद्य लिखने की कोशिश की। मैंने

कविता को छोड़ा नहीं। 'काला पानी' भी एक कवि का गद्य है। जब मेरा तबादला अडमान निकोबार द्वीप समूह में हो गया तो मैं वहाँ चार साल रहा। मैंने ढाई साल लगातार दुर्गम यात्राएँ कीं। वहाँ गेस्ट हाउस नहीं थे, आधुनिक सुविधाएँ नहीं थीं। अपनी ज़रूरत की हर चीज़ साथ लेकर चलनी होती थी। इस दौरान मैं कई दुर्लभ जनजातियों के साथ रहा। टेप रिकार्डर में उन्हें रिकार्ड किया। अशोक पांडे की मदद से उसका अनुवाद किया। सेल्यूलर जेल के पुस्तकालय में प्रभारी पुरुषोत्तम श्रीवास्तव की मदद से छह माह तक शोध करता रहा। 1947 के बाद वहाँ बसे लोगों की रेडियो रिकार्डिंग की। वहाँ का अनुभव मेरे इधर के तमाम अनुभवों पर भारी पड़ता है। मैं लगातार जीवन के नोट्स लेता हूँ, जीवन से दूर होता हूँ तो उन्हें दोहराता और याद करता हूँ।

इन दिनों आप किन किताबों पर काम कर रहे हैं?

मैं तीन खंडों में संस्मरणों की किताब पर काम कर रहा हूँ। पहला बचपन, खदान और गाँव के जीवन पर। दूसरा 1970 में जब मैं भोपाल आता हूँ वहाँ का संघर्ष और तीसरा जीवन के उत्तरार्ध पर। 'कवि एकादश' शीर्षक से मैं उन पर एक किताब लिख रहा हूँ जिनकी चर्चा ज़्यादा हो नहीं पायी। मसलन—विजेन्द्र वेणुगोपाल, विनोद कुमार शुक्ल, चन्द्रकान्त देवताले, ऋतुराज, भगवत रावत आदि। एक डायरी 'दाना पानी' आने वाली है जिसमें 1998 तक की घटनाओं के चुनिन्दा अंश हैं। और भी बहुत कुछ है। थोड़ा इन्तज़ार कीजिए।

अनामिका

देह की दुर्दशा भी एक सवाल है

'राष्ट्रीय सहारा' में पिछले दिनों प्रो. मैनेजर पांडेय, राजेन्द्र यादव, निर्मला जैन, चित्रा मुद्गल, मन्नू भंडारी और मृदुला गर्ग ने स्त्री विमर्श को लेकर कुछ तीखे मुद्दे उठाये हैं। आप क्या सोचती हैं?

मेरा मानना है कि ये सभी लेखक अपनी-अपनी जगह सही हैं। मैनेजर पांडेय भी सही हैं और राजेन्द्र यादव भी। निर्मला जैन भी ठीक कह रही हैं और मृदुला गर्ग भी। मैंने एक कविता पढ़ी थी जिसका हिन्दी में शीर्षक होगा 'एक चिड़िया को देखने के तेरह तरीके या दृष्टिकोण'। तो किसी की भी बात समग्रता में सच नहीं है। पर इनकी मंशा गलत नहीं है और इनमें से कोई स्त्री-विरोधी नहीं हैं। सहानुभूति और स्वानुभूति का फ़र्क़ है। सहानुभूति की एक सीमा होती है जो राजेन्द्र जी की है। मेरा मानना है कि बहुकेन्द्रीयता आधुनिक जीवन का एक बड़ा सच है। अब हमारा या नयी पीढ़ी का काम केवल एक विचार, दृष्टिकोण या मत से नहीं चल सकता। अब इन लेखकों की स्थिति पिता-पितामह और माँ-दादी जैसी हो गयी है। हमें इनकी बातों पर 'जजमेंट' (निर्णायक) होने के बजाये जो अच्छा लगे उसे ले लेना चाहिए। जो गलत लगे उसके लिए उन्हें माफ़ कर देना चाहिए जैसे हम अक्सर अपने परिवार में पिताओं को माफ़ करके ही आगे बढ़ते हैं।

क्या आप मानती हैं कि अपनी देह पर स्त्री का अपना हक होता है इसलिए उसके बारे में फ़ैसले करने का भी उसे ही अधिकार होना चाहिए जैसा कि राजेन्द्र यादव और 'हंस' प्रतिष्ठान कहता रहा है?

सिर्फ़ देह पर ही क्यों, सारे निर्णयों पर उसका अधिकार होना चाहिए। देह तो मन से नाभि-नाल की तरह जुड़ी है। स्त्री मुक्ति का अर्थ ही है कि स्त्री निर्णय ले सके। और यह हो रहा है। आज से बीस साल पहले मैं अपनी ससुराल में आपको इण्टरव्यू नहीं दे सकती थी। मैं केवल अपने भाई से मिल सकती थी। अतः केवल यह मान लेना कि स्त्री-पुरुष के हर रिश्ते में देह ज़रूर होगी, सरलीकरण है। आज नयी स्त्री अपना पारम्परिक दायित्व (घर, बच्चे और पति) छोड़कर नया काम नहीं कर रही है। वह उसे स्वीकार कर आगे जा रही है। हमें उसके जीवन की बहुकेन्द्रीयता

को स्वीकार करना चाहिए।

मृदुला गर्ग ने कहा कि भारत में स्त्रीवादी विमर्श नहीं नारेबाजी हो रही है और कुछ लेखकों का कहना है कि अलग से स्त्री विमर्श की ज़रूरत नहीं है। आपका क्या कहना है?

जो लोग यह कह रहे हैं, वे एक ख़ास मुकाम पर पहुँच चुके हैं। हमें और नयी पीढ़ी को तो चारों ओर देखते हुए सड़क पार करनी है। हमने सीखा है कि कुछ भी अन्तिम सत्य नहीं होता। मैं किसी भी विवाद में कोई योगदान नहीं करना चाहती। जहाँ तक विमर्श और आन्दोलन की बात है तो ये दोनों शब्द जुड़वाँ भाई की तरह हैं। बिना विचार के आन्दोलन कैसे हो सकता है?

स्त्री-मुक्ति के विमर्श में उसकी देह को लेकर इतना हो-हल्ला क्यों मचता है? आप इसे किस रूप में देखती हैं?

देह स्त्रियों के शोषण का प्राथमिक स्रोत है। पोर्न या अश्लीलता, बलात्कार, यान्त्रिक-भावहीन संभोग, असुरक्षित प्रसव, डायन-दहन, सती, यौन-शोषण आदि के केन्द्र में स्त्री देह ही तो है। इसलिए स्त्रियाँ देह को लेकर कुछ अधिक ही सशंकित और संवेदनशील रहती हैं। आप कल्पना नहीं कर सकते कि बिना सम्मान और मानसिक सहमति के शारीरिक सम्बन्ध में स्त्री कितना अपमानित महसूस करती है। उसे लगता है कि जैसे वह पेप्सी का डिब्बा है, जिसे पीने के बाद लात से तोड़कर कूड़े में फेंक दिया गया है। यदि ऐसा किसी पुरुष के साथ हो तो भी उतना ही बुरा है। कई बार स्त्रियाँ भी पुरुषों के साथ ऐसा करती हैं, पर अपवादस्वरूप।

हमारे साहित्य और सम्मान में इस स्त्री विमर्श से क्या फ़र्क़ आया है? आख़िर इस स्त्रीवाद की माँग क्या है?

किसी भी अस्मितावादी आन्दोलन की माँग यही होती है कि लोकतान्त्रिक मूल्यों का सही विकास हो। ये मूल्य हैं—स्वतन्त्रता, समानता और भाईचारा। स्त्री-पुरुष सम्बन्धों में भी यही मूल्य स्वीकारा जाये। एक स्त्री की क्या माँग है—दोस्ती। इतनी सी तो माँग है, उसी पर इतना हल्ला हो रहा है। उसे घर में भी बॉस नहीं चाहिए। उसे सभी रिश्तों में एक 'ब्रीदींग स्पेस' (साँस लेने की फुरसत) चाहिए। उसे माँ-पिता, भाई, पति, प्रेमी सब दोस्त के रूप में यानी दोस्त पिता, दोस्त भाई और दोस्त पति चाहिए। प्रेम भी तो एक भाईचारा है। स्वतन्त्रता-समानता के बिना प्रेम कैसे सम्भव हो? खुशी की बात है कि यह सब आज सम्भव हो रहा है।

स्त्री विमर्श से हिन्दी साहित्य में एक विस्तार आया है। न रहने लायक जगह को स्त्री रहने लायक बनाती है। स्त्रियों ने हिन्दी साहित्य के उजड़े चमन को बसा दिया है। दोनों तरह से—लेखक के रूप में और साहित्यिक चरित्रों के रूप में। आज

मज़दूर, दलित, आदिवासी, चकलाघर और तरह-तरह की स्त्रियाँ साहित्य के विषय बन रही हैं। एक और बदलाव साहित्य की भाषा में आया है। स्त्रियों की भाषा ज़्यादा प्रश्नाकुल है। हम लोग जीवन का अन्तिम सत्य जेब में लेकर चलने का दम्भ नहीं पालतीं। दोस्ती का भाव बढ़ा है पहले प्रति रक्षात्मक भाव था। साहित्य में अब किसी भी बात को लेकर अपराधबोध नहीं रहा। एक हर्षोल्लास आया है। नयी भाषा की तहें खुल रही हैं।

जहाँ तक समाज की बात है तो विवाह संस्था पर ज़रूर सवाल उठे हैं। 'सेम सेक्स लव' और बिना विवाह के साथ रहने की प्रवृत्ति बढ़ी है। मुझे इसमें कोई बुराई नज़र नहीं आती लेकिन इससे कुछ मुश्किलें बढ़ी हैं। स्त्री-पुरुष दोनों स्वावलम्बी हैं तो ठीक है लेकिन यदि स्त्री ऐसी नहीं हुई तो पुरुष के छोड़ देने के बाद उसकी दुर्दशा हो जाती है। विवाह ऐसी स्त्रियों के लिए थोड़ी-बहुत सुरक्षा देता है। फिर 'डबल इनकम नो किड' तो ठीक है। लेकिन बच्चे के आने के बाद तो उसे माँ-बाप दोनों चाहिए। ये सब मसले हैं जो स्त्री मुक्ति आन्दोलन को सुलझाने होंगे।

अभी पूरा हुए अपने ताज़ा उपन्यास के बारे में बताएँ?

उपन्यास के तीन खंड हैं। पहले खंड में निजी मुक्ति की बात है। मुज़फ़्फ़रपुर बहुबाज़ार में बेलाबाई का कोठा था। महेन्द्र मिश्र के गीत उस दौर में कोठों पर बड़े लोकप्रिय थे। मैंने सोचा कि प्रेम और मुक्ति का क्या सम्बन्ध होता है। उन्होंने तो अपनी शिष्या से प्रेम किया तो प्रेम और वात्सल्य का क्या रिश्ता बनेगा? दूसरे खंड में स्त्री मुक्ति का नया सन्दर्भ है—पुणे की पंडिता रमाबाई का जिन्हें लगा कि मुक्ति कभी अकेले नहीं होती। तीसरा खंड, एक आधुनिक लड़की तारा की कथा है जो बिहार से दिल्ली अपने प्रेमी के साथ आयी थी। उसका प्रेमी उसे छोड़कर चला गया तो उसे अपनी पढ़ाई का खर्च निकालने के लिए कॉलगर्ल का धन्धा करना पड़ा। वह मेरी छात्रा रही है। आजकल सम्मान के साथ रहती है। मैंने इन तीन स्त्रियों की कथा के बहाने स्त्री मुक्ति पर कुछ सोचने की कोशिश की है। तीनों में एक बात समान है कि तीनों की देह का गिंजन होता रहा है। तो बेलाबाई से तारा तक स्त्री मुक्ति आन्दोलन में देह की दुर्दशा भी एक प्रश्न है।

मैत्रेयी पुष्पा

स्त्री विरोधी है देह विमर्श

पिछले दो महीने से 'राष्ट्रीय सहारा' में हर रविवार हिन्दी में स्त्री लेखन से जुड़े मुद्दों पर एक बहस चल रही है जिसमें कई बार प्रत्यक्ष-अप्रत्यक्ष रूप से आपको लेकर भी टिप्पणियाँ की गयी हैं। आपको क्या कहना है?

इस मुद्दे पर मुझे कुछ बातें कहनी हैं क्योंकि अधिकतर बातों का जवाब अनामिका ने अपने साक्षात्कार में दे दिया है। निर्मला जैन ने कहा है, 'कद्दावर लेखिकाएँ स्त्री विमर्श के ठप्पे के नीचे अपना मूल्यांकन नहीं कराना चाहतीं।' मुझे नहीं पता कि कद्दावर और कमज़ोर कौन है और इस मूल्यांकन का उनका आधार क्या है? मुझे इतना पता है कि जो कद्दावर लेखिकाएँ हैं, वे पुरुष मानसिकता और पितृसत्ता के साथ खड़ी हैं। ज़ाहिर है, इससे वे ताकतवर दिखेंगी। स्त्री तो सदियों से कमज़ोर रही है; इसलिए उनके साथ खड़ी मेरे जैसी लेखिकाएँ उन्हें कमज़ोर दिखेंगी। मुदृला गर्ग ने कहा है, 'जो मैत्रेयी आज लिख रही है वह मैं 1975 में लिख चुकी हूँ' और 'मैत्रेयी की नायिकाएँ अपने पति को छोड़ दूसरे पुरुष से विवाह में मुक्ति समझती हैं।' तो क्या अब उन्हें मेरा लेखन अच्छा लग रहा है और वे सहमत हैं? दूसरी बात, मुदृला गर्ग मेरी कोई एक कहानी या उपन्यास बता दें जिसमें स्त्री अपना पति और घर छोड़ दूसरे पुरुष से विवाह करती है। मैं तबादले और तलाक में आसानी से विश्वास नहीं करती। मेरी नायिकाएँ अपनी उसी ज़मीन (घर) पर खड़े होकर लड़ाइयाँ लड़ती हैं जिसमें उनकी जड़ें हैं। निर्मला जैन और मृदुला गर्ग ने मुझे ठीक से नहीं पढ़ा है।

निर्मला जैन ने लिखा था कि आपके उपन्यासों में वर्णित स्त्री-पुरुष का शारीरिक सम्बन्ध कृत्रिम है। कई दूसरे समीक्षकों ने भी आरोप लगाया है कि 'अल्मा कबूतरी' में एक जगह आपने दिखाया है कि एक स्त्री बलात्कार के समय संभोग का आनन्द ले रही है?

पता नहीं क्यों ऐसा सोचा गया? यदि आप सन्दर्भ से काटकर चीज़ों को देखेंगे तो ऐसे ही गलत निष्कर्ष निकालेंगे। हम जन्मजात अपराधी माने जाने वाले कबूतरा समुदाय से उसी नैतिकता की माँग नहीं कर सकते जो शहरी सभ्य समाज से करते हैं। उनकी औरतें किसी तरह ज़िन्दा रहने के लिए किसी हद तक जा सकती हैं उनके लिए शरीर या सेक्स कोई मुद्दा नहीं है। यदि मैं इस तथ्य को छिपाती तो

यह लेखन में नाइंसाफी होती। मेरे उपन्यास 'अल्मा कबूतरी' में कदम्ब बाई वर्षों से पति से बिछुड़ी है। उसे पता चलता है कि आज रात उसका पति आयेगा। वह उससे शारीरिक मिलन का इन्तज़ाम खड़ी फ़सल में करती है। कबूतरे या तो जेल में होते हैं या जंगल में। एक आवेश, एक असुरक्षा, एक असमंजस में वह पति की जगह आये ग्रामीण को समर्पित हो जाती है। उसे वंश चलाना है। वह क्या करे? वह अचानक काली माता की तरह कैसे खड़ी हो जाये? सवर्ण सोचते हैं कि बलात्कार किया और गौरवान्वित होते हैं। कबूतरे समुदाय की स्त्रियाँ इसे रोज़मर्रा की घटना मान भूल जाती है क्योंकि आगे उसी को घर चलाना है। कृष्णा सोबती के 'सूरजमुखी अँधेरे के' और मुदृला गर्ग के 'कठगुलाब' में पता नहीं क्या-क्या त्रासद अनुभव हो जाता है। हमारे समाज में स्त्रियाँ आत्महत्या कर लेती हैं जबकि उन समाजों में यह जीने की शर्त है।

क्या आप स्त्री के विवाहेतर सम्बन्ध को उचित ठहराती हैं। जैसे कि 'चाक' में दिखाया है?

ऐसा नहीं है। मेरी रचनाओं में जहाँ भी ऐसा सम्बन्ध बनता है उसके पीछे इतनी भयानक और आतंककारी परिस्थितियाँ होती हैं कि इसके सिवा कोई चारा नहीं बचता। मेरे पास देश भर से स्त्रियों के सैकड़ों पत्र आते हैं जिनमें वे पूछती हैं कि, "ऐसा लिखने के बाद आपने अपना दाम्पत्य कैसे बचाया। पति कहते हैं कि मैत्रेयी पुष्पा के उपन्यास पढ़-पढ़कर बिगड़ रही हो।" 'चाक' में प्राथमिक स्कूल का शिक्षक श्रीधर रोकने के कारण उसे मारा है। सारंग का पति उसे घर लाने से मना कर देता है। सारंग के लिए एक व्यक्ति नहीं स्कूल मर रहा है। तो वह क्या करे? लोग समग्रता में इस रिश्ते को नहीं समझते हैं। ज़रा-सा कुछ मिला नहीं कि डुगडुगी पीटने लगते हैं।

राजेन्द्र यादव और उनके 'हंस' प्रतिष्ठान में स्त्री विमर्श को 'देह विमर्श' में बदल दिया है—ऐसा आरोप आप पर भी लगाया जाता रहा है?

मैं बार-बार सोचती हूँ कि जिसे समाज जीवन-मूल्य कहता है क्या वे स्त्री के पक्ष में जाते हैं? यदि नहीं तो उन्हें हम स्त्रियाँ कैसे मान लें? मैं योनि-शुचिता के कारागर में रहने से इनकार करती हूँ तो इसे स्त्री विमर्श के बजाय देह विमर्श से जोड़ दिया जाता है। यह देह विमर्श जान-बूझकर गढ़ा गया शब्द है जो स्त्री के विरोध में जाता है। इसे गढ़ने वाले जानते हैं कि देह स्त्री के तन-मन के मुकाबले ज़्यादा स्थूल शब्द है जो सेक्स को परिभाषित करता है। इससे स्त्री की ज्ञानेन्द्रियाँ और कर्मेन्द्रियाँ केवल सेक्स होकर रह जाती हैं। जब मैं स्त्री की सम्पूर्णता में दिखाती हूँ तो ज़ाहिर है उसका तन-मन दोनों आयेगा क्योंकि मैंने किसी अमूर्त स्त्री को 'देहविहीन स्त्री' आज तक नहीं देखा है। मैं साधारण स्त्री की गतिशीलता की पक्षधर हूँ इसलिए मुझे देवियों और सतियों में विश्वास नहीं है।

इस स्त्री विमर्श में स्त्री मुक्ति के क्या अर्थ हैं?

उन 'टैबूज' से मुक्ति जिन्हें जीवन मूल्य कहकर हम पर आरोपित किया जाता है। तन-मन के फ़ैसले स्त्री अपनी इच्छा से करे। योनि-शुचिता का हवाला देकर स्त्री को इसी रूप में बन्धक बनाया गया है। उसके मन में एक डर बिठा दिया गया है कि वह अपने फ़ैसले लेते ही मारी जायेगी। स्त्री मुक्ति का मतलब है, उसकी बुद्धि पर भरोसा किया जाये।

राजेन्द्र यादव और आपके रिश्तों को लेकर कई तरह की बातें की जाती हैं, आप इस रिश्ते को कैसे परिभाषित करेंगी?

इस मुद्दे पर मैं थोड़ा विस्तार से बात करना चाहूँगी। मैं राजेन्द्र यादव से 1991 में मिली। मैंने उन्हें बुन्देलखंड के गाँवों के अपने अनुभव सुनाये। उन्होंने कहा—लिखो। मैं दोबारा उन इलाकों में गयी। उन्हें लिखकर ले आयी। राजेन्द्र जी ने कहा—'मेहनत करो।' मैंने उनके मार्गदर्शन में एक-एक कहानी और उपन्यास पाँच से सात बार लिखा। इस तरह मैंने अपना शिल्प हासिल किया। कोई कुछ भी कहता रहे। वे मेरे शिक्षक हैं। मैंने उनसे बार-बार पूछा कि हमारा-आपका क्या रिश्ता है? उन्होंने बताया—'जैसे श्रीकृष्ण और द्रौपदी का, जिसमें सेक्स नहीं है।' यदि मेरा राजेन्द्र यादव से शारीरिक सम्बन्ध होता तो मैं लिख कर बता चुकी होती। उन्होंने न तो मर्यादा तोड़ने की कोशिश की न मैंने उन्हें कभी आगे बढ़ने दिया। अपनी आत्मकथा के दूसरे खंड में मैं इस बारे में विस्तार से लिख रही हूँ। लोगों को लगता है कि मेरे पति कैसे झेलते रहे होंगे मेरे और राजेन्द्र जी के बीच के इतने नजदीकी रिश्ते को। वीरेन्द्र यादव ने कहा था कि राजेन्द्र जी ने मेरा लेखन पढ़कर यादव समाज को ठीक से जाना। मेरा पालन-पोषण यादव और जाट परिवार में हुआ। मुझे तो बहुत बाद में पता चला कि मैं ब्राह्मण हूँ। मुझे ब्राह्मण जीवन के बारे में कुछ नहीं पता। मैं तो बेसहारा-अनाथ लड़की की तरह पली-बढ़ी। मैं जब भी राजेन्द्र जी के साथ होती हूँ मेरे दादा याद आते हैं, जो अपाहिज थे। यदि मैं लिखती नहीं तो राजेन्द्र जी मुझे कैसे 'प्रोमोट' करते। ऐसी कई स्त्रियाँ उनके जीवन में आयीं जिन्होंने नहीं लिखा। वे आज कहाँ हैं? मैंने तो घर सँभाला, बच्चियों को डॉक्टर बनाया और मेहनत की। बिना पूरी परिस्थिति जाने लोगों को टिप्पणी करने से बचना चाहिए।

मृदुला गर्ग

देह में रहते देह से मुक्ति कैसे

'राष्ट्रीय सहारा' में पिछले दिनों प्रो. मैनेजर पांडेय, राजेन्द्र यादव, निर्मला जैन, चित्रा मुद्गल, मन्नू भंडारी आदि ने स्त्री विमर्श पर कुछ मुद्दे अपने साक्षात्कारों में उठाये हैं। एक लेखक के रूप में आपकी क्या राय है?

मैं स्त्री विमर्श पर कुछ नहीं कहना चाहती। पता नहीं यह सब क्यों चल रहा है और कब तक चलता रहेगा।

इसकी कोई ख़ास वजह?

मुझे आप बताओ कि कौन-सा स्त्री विमर्श हिन्दी में हो रहा है? कहाँ हो रहा है? कौन कर रहा है? जो हो रहा है वह आन्दोलन है। हिन्दी में जो कुछ हो रहा है वह एक राजनीतिक भाषण की तरह है। सिर्फ़ नारे लगाये जा रहे हैं, इसमें भी कोई बुराई नहीं है। पर यह सामाजिक न्याय से जुड़ा मुद्दा है। हिन्दी ही क्या भारत के पूरे अकादमिक-बौद्धिक परिदृश्य में कहाँ स्त्रीवादी विमर्श हो रहा है? किस विश्वविद्यालय में 'स्त्री अध्ययन केन्द्र' खुला है। तो मैं यह कहना चाहती हूँ कि हमारे यहाँ स्त्रीवाद आन्दोलन के रूप में ही प्रचलित है विमर्श के रूप में नहीं है।

राजेन्द्र यादव, प्रभा खेतान, मैत्रेयी पुष्पा और 'हंस' प्रतिष्ठान जो कर रहा है, क्या वह स्त्री विमर्श नहीं है?

जिनका नाम अपने लिया उनकी बातों पर एक छोटे तबके में थोड़ी बहुत सुगबुगाहट हो जाती है। यदि यादव जी के विचार इतने ही महत्त्वपूर्ण हैं तो उस पर सामाजिक-राजनीतिक-सांस्कृतिक-साहित्यिक दृष्टि से क्या आज तक कोई बहस हुई? यदि अब तक उनके विचारों का समाज में कोई असर नहीं हुआ, अकादमिक-बौद्धिक स्पर पर कोई शोध या गम्भीर अध्ययन नहीं हुआ तो पता नहीं क्यों आप लोग उसे इतना तूल दे रहे हो, उस पर विवाद पैदा कर रहे हो। उन्हें कहने दीजिए, हो सकता है कि बीस साल बाद उनकी बातों का असर हो। प्रभा खेतान द्वारा अनूदित सीमोन द बोउआर के जिस 'सेकेंड सेक्स' (स्त्री उपेक्षिता) को लेकर हिन्दी में इतनी चर्चा होती है, वह किताब बहुत पुरानी है और अपने बाद के लेखन में खुद लेखिका ने ही

अपनी स्थापनाओं को नकार दिया था। जर्मेन ग्रेयर, केट मिलेट और समाजशास्त्री मारग्रेट नीट ने भी जो कुछ 30-35 साल की उम्र में लिखा उसे 50-60 की उम्र तक जाते-जाते नकार दिया। हिन्दी का स्त्री विमर्श सीमोन द बोउआर से भी पीछे चल रहा है। हमारे यहाँ स्त्री जो कहे या उसके बारे में जो कहा जाये उसे ही स्त्री विमर्श का दर्जा दे दिया जाता है। यह बचकाना ही नहीं सरासर गलत और शरारत भी है।

तो आपके अनुसार स्त्री विमर्श क्या है?

यह एक जटिल मुद्दा है। इसके कई पक्ष हैं। पश्चिम में पहले यह कहा गया कि स्त्री को पुरुष के बराबर हक दिया जाये, लिंग के आधार पर भेदभाव नहीं होना चाहिए। अब उत्तर-स्त्रीवादियों का कहना है कि स्त्री और पुरुष में फ़र्क़ होता है, वह पुरुष से कई मायनों में अधिक श्रेष्ठ है। हम अपनी बराबरी माँ रहे थे अब अलग पहचान की बात कर रहे हैं। आज तक शोध चल रहा है कि स्त्री और पुरुष के स्वभाव में क्या कोई नैसर्गिक अन्तर है। भारत जैसे देश में जहाँ अन्याय इस हद तक है कि बलात्कारी से ही विवाह करने को कोर्ट में जज भी कह सकता है, वहाँ कौन-सा स्त्री विमर्श चलेगा। मेरा प्रस्ताव है कि हमें भारतीय परम्परा से अद्ध 'नारीश्वर की अवधारणा को मॉडल बनाकर देखना चाहिए, जो दुनिया में कहीं नहीं है। साथ-साथ जीने पर बात करनी चाहिए। आज भी समाज स्त्री को वस्तु की तरह ही देखता है। अभी राखी सावंत वाले प्रकरण में प्रभाष जोशी जैसे लोगों ने लिखा कि वह नंगई बेच रही थी। क्या किसी ने विरोध किया? तो क्या आपको वेश्या से बलात्कार करने का हक मिल जाता है क्योंकि वह शरीर बेचती है। और तो और अर्चना वर्मा भी अपनी कविता में लिखती है कि मल्लिका शहरावत के उत्तेजक कपड़े पहनने से पुरुष बलात्कारी हो रहे हैं। वे मल्लिका तक तो नहीं पहुँचते पर पास के बस स्टाप पर खड़ी निरीह लड़की को दबोचते हैं। आप बलात्कारी को नहीं लड़कियों को दोषी ठहरा रहे हैं। क्या यही स्त्री विमर्श है?

आपने आज से कई दशक पहले अपने चर्चित उपन्यास 'चित्तकोबरा' में स्त्री-पुरुष सम्बन्धों में प्रेम, सेक्स, स्वायत्तता आदि का मुद्दा उठाया था। अब क्या सोचती हैं?

मेरी समझ में कभी नहीं आया कि देह में रहते हुए कोई देह से मुक्त कैसे हो सकता है और देह को मस्तिष्क से मुक्त कैसे किया जा सकता है। पुरुष की ही तरह स्त्री मात्र देह नहीं है, इसलिए उसकी चारित्रिक ऊँचाई उसकी देह को शुचिता-अशुचिता से नहीं मापी जा सकती। 'चित्तकोबरा' में एक दैहिक सम्बन्ध बन रहा है। मेरा कहना है कि स्त्री और पुरुष दोनों यह मान लें कि इस सेक्स सम्बन्ध में उनका मस्तिष्क शामिल नहीं है तो ठीक है, कोई बात नहीं। पर यदि एक भी समर्पित है तो उसका शोषण हुआ कि नहीं। मेरे उपन्यास की नायिका पति को

वस्तु की तरह सोच रही है। बिना मस्तिष्क के दैहिक सम्बन्ध बनाकर वह जानना चाहती है कि इससे उसे कितना सन्तोष मिलेगा। मैत्रेयी पुष्पा के यहाँ स्त्री पति के साथ सेक्स में अपने प्रेमी या इच्छित पुरुष के बारे में सोचती है।

और आपके एक दूसरे उपन्यास 'उसके हिस्से की धूप' के तो निष्कर्ष अलग हैं?

नहीं। जो बात मैत्रेयी पुष्पा आज लिख रही हैं कि स्त्रियों की कुछ अपनी दैहिक ज़रूरतें होती हैं वह तो 1975 में ही लिख चुकी हूँ। उनकी स्त्रियाँ अपने पति को छोड़ दूसरे पुरुष के साथ विवाह से मुक्ति समझती हैं जबकि 'उसके हिस्से की धूप' का निष्कर्ष है कि एक पुरुष को छोड़ दूसरे को पाने से स्त्री मुक्त नहीं होगी। उसे पुरुष के सहारे के बजाय अपने कर्म, व्यक्तित्व, संघर्ष के बल पर चलना होगा। पुरुष निमित्त नहीं सहभोगी हो सकता है।

'कठगुलाब' में आपने स्त्री के कुछ दूसरे द्वन्द्वों की बातें की हैं। तो क्या आपके विचार बदल गये?

नहीं। इसमें मैंने असफल मातृत्व की समस्या को उठाया है। वह अपने गर्भ का क्या करें? आज दस साल बाद आप देखिए कि कामकाजी स्त्रियों का यही सनातन द्वन्द्व कितनी प्रमुखता से उभरा है कि वह माँ बने या नहीं। दोनों स्थितियों के अपने असन्तोष हैं। भारतीय स्त्री को संरक्षण भी चाहिए और आज़ादी भी। यह आज़ादी स्त्रियों को ही हजम नहीं हो रही है। आपको आज़ादी की कीमत तो चुकानी पड़ेगी। आज का केन्द्रीय सवाल यही है। आर्थिक-सामाजिक बदलावों ने ये सवाल खड़े किये हैं। दिक्क़त यह है कि हम अक्सर कुछ नारों-जुमलों में उलझकर रह जाते हैं, जैसे—स्त्री विमर्श आदि। हमारे यहाँ ज़रूरी मुद्दों पर गहराई में जाकर विचार करने, शोध करने की परम्परा नहीं है।

❑❑